会 计 专 业
综合模拟实验

主　编：邬展霞　汪立元
副主编：伍巧君　彭小华　崔道远

复旦大学出版社

前　言

　　会计是一门实践性、操作性很强的专业。在会计信息系统基本普及的经济环境下,需要会计人员更迅敏地掌握每笔会计业务的处理及其可能的后续影响,以适应计算机环境下资料备份及业务稽核的要求。因此,也要求会计专业的学生必须更加熟练会计业务核算和处理的整个流程与规范。

　　本实验教材是在已经掌握会计的基本专业知识后,为培养学生的实践操作技能而设计的。本教材的特色是:

　　(1) 实验教材的会计科目是按照《企业会计准则2006》来设计的;

　　(2) 实验提供了完全仿真品种繁多、种类各异的附件,使学生掌握各种真实原始单据的处理;

　　(3) 实验提供了详细的操作指导,使学习者在操作之前对操作方法有所了解;

　　(4) 实验同时设计了财经职业道德案例,要求学生按照会计人员从业资格考试所要求的职业道德和法规知识进行综合分析,全面提高学生的职业素养。

　　在本书出版的过程中,除了主编人员的总体设计和数据及附件整理以外,很多经验丰富的教师提出了很宝贵的建议,他们是:汪立元、陈志龙、彭海虹、沐红英、杨美蓉、沈小青、王秀芳、曲秀珍、丁玫、李闽洲、贺彩萍、李济风以及信欣会计事务所的徐梅等。本书在定稿、出版过程中,得到了上海开放大学教务处以及金融与会计系领导和同事们的关心与帮助;也得到了复旦大学出版社李华老师的热心帮助,在此,我们对大家的关心与支持表示诚挚的感谢!

  本书教学使用中的任何问题,欢迎来信:wellany@163.com

  再次对所有教师的参与表示衷心的感谢!

编 者

2009.1.8

再 版 说 明

《会计专业综合模拟实验》出版后,已经试用了三年。从使用情况看,这本实验教材取得了良好的效果。根据前两版教材使用中广大师生的意见和建议以及最新的财税法规,我们对《会计专业综合模拟实验》教材进行了修订。

修订的主要内容如下:
(1) 修改了个别数据,使实验资料更加前后一致,方便会计处理;
(2) 增加了关于固定资产增值税相关的附件;
(3) 简化和清晰了财务报表的编制。

本教材的修订工作主要由邬展霞副教授、汪立元副教授和伍巧君老师担任。同时感谢广大教师对本书提出的宝贵建议!

致谢!

编 者

2011 年 7 月

目 录

第一章　实验目的及教学要求 …………………………………… 1

第二章　实验资料 …………………………………………………… 2
　第一节　会计主体基本情况及核算制度 …………………… 2
　第二节　企业期初账务资料 ………………………………… 4
　第三节　会计交易及事项 …………………………………… 13

第三章　操作要求 …………………………………………………… 20
　第一节　会计核算方法 ……………………………………… 20
　第二节　账务操作程序 ……………………………………… 21
　第三节　教学建议 …………………………………………… 42

第四章　财务情况说明书 …………………………………………… 44

第五章　会计人员职业道德案例分析 …………………………… 53
　第一节　会计人员职业道德规范 …………………………… 53
　第二节　案例分析 …………………………………………… 54
　第三节　学习指南 …………………………………………… 58

附件 …………………………………………………………………… 61
附录一　相关财经法规一览表 …………………………………… 171
附录二　一般企业常用会计科目表 ……………………………… 173
附录三　一般企业会计报表 ……………………………………… 177

第一章 实验目的及教学要求

一、实验目的

会计专业综合模拟实验是为提高会计专业学生的综合专业素质和核算技能而设置的实践环节。本实验可单独作为专业实践教学环节,也可以结合专业课程进行,一般需在修完会计专业的主干专业课后安排学习。

本实验的特色是,按照最新的会计准则设计了相应的业务,提供了大量丰富的凭证材料,创设了完全仿真的手工模拟环境。实验中,同时提供了财经职业道德案例,希望结合财经职业道德的学习,进一步提高会计专业学生的整体职业修养。

二、教学要求

本实验的教学要求是,针对实验中提供的年度和月份数据,填制原始凭证,编制记账凭证,建立明细分类账、日记账,做出科目汇总表,并据以登记总分类账、编制资产负债表、利润表、现金流量表和所有者权益变动表;完成财务状况说明书;进行财经职业道德案例分析。

第二章 实验资料

第一节 会计主体基本情况及核算制度

一、企业概况

(1) 企业名称：上海大华塑具股份有限公司。

地址：上海市胜利路100号。

电话：69786520。

(2) 性质：国有股份有限责任公司，一般纳税人，共发行非流通股票550万股。

(3) 主要产品：A型塑具、B型塑具和C型塑具。

(4) 开户银行：工商银行上海市分行杨浦支行。

(5) 基本存款账号：888888。

(6) 纳税人识别号：310115123456789。

(7) 生产、管理及服务机构：

1) 两个基本生产车间：一车间100人，二车间50人。

2) 两个辅助生产车间：机修车间40人；供水车间20人。

3) 管理部门：办公室5人，供应部8人（其中仓库4人），财务部6人。

4) 医务所：2人。

(8) 法人代表：董事长李弘达。

(9) 生产和工艺过程：

1) 一车间生产 A 型塑具和 B 型塑具。

2) 二车间生产 C 型塑具。

3) 各种塑具所耗原材料均为开工时一次投入。

4) 单步骤大量生产各主要产品。

二、企业会计政策及会计核算办法

(1) 适用《企业会计准则 2006》。

(2) 采用科目总表核算形式,每半月汇总一次,汇总后立即登记总账。

(3) 库存现金限额为 6,000 元。

(4) 采用一次报销备用金制度。

(5) 甲、乙、丙材料按计划成本核算,材料目录中规定:

1) 甲材料每千克计划单位成本为 90 元。

2) 乙材料每千克计划单位成本为 225 元。

3) 丙材料每千克计划单位成本为 50 元。

4) 其他材料及包装物、低值易耗品均采用实际成本计价。发出包装物的成本按先进先出法计算,领用低值易耗品采用一次摊销法。

(6) 采用直线法计提折旧。生产用房屋月折旧率 0.8%,机器月折旧率 1%,非生产用固定资产月折旧率为 0.4%。

(7) 采用计时工资制。按当月应付工资数进行分配,并作为计提福利费、工会经费、教育经费的基数。

(8) 辅助生产费用采用一次交互分配法予以分配。

(9) 坏账准备按应收账款的 5‰ 计提。

(10) 采用品种法计算完工产品成本。生产费用在完工产品和在产品之间分配采用约当产量法,在产品完工程度为 50%。

(11) 发出塑具成本用先进先出法计算。

(12) 所得税税率 25%。

第二节　企业期初账务资料

某年,企业的会计事项及账务资料如下。

一、11月30日各总分类账户余额(见表2-1)

表2-1　总分类账户余额　　　　　　单位:元

科目名称	借方金额	科目名称	贷方金额
库存现金	7,300	短期借款	452,000
银行存款	2,450,600	应付账款	450,000
交易性金融资产	480,000	应付职工薪酬	11,230
应收票据	18,000	应交税费	−250,000
应收账款	1,270,000	长期借款	300,000
坏账准备	−6,350	股本	5,500,000
其他应收款	10,460	资本公积	62,000
原材料	680,000	盈余公积	138,000
材料成本差异	500	本年利润	1,246,280
库存商品	400,000		
长期股权投资	500,000		
固定资产	1,920,000		
累计折旧	−360,000		
在建工程	432,000		
无形资产	120,000		
累计摊销	−13,000		
合计	7,909,510	合计	7,909,510

二、11月30日各明细分类账户余额(见表2-2)

表2-2 明细分类账户余额　　　　　　　　单位:元

总账	明细账	数量	单价	借方金额	总账	明细账	贷方金额
交易性金融资产	F公司股票（成本）			400,000	短期借款	市工商银行	452,000
	F公司股票（公允价值变动）			80,000	应付账款	广发公司	200,000
应收票据	永安公司			18,000		泛成公司	250,000
应收账款	三江公司			10,000	长期借款	市建设银行	300,000
	富华公司			10,000	应交税费	应交所得税	-250,000
	新华公司			200,000	应付职工薪酬	职工福利	11,230
	甘美公司			1,050,000	股本	国家资本	3,240,000
原材料	甲材料	1,500千克	90	135,000		D公司法人资本	2,260,000
	乙材料	2,400千克	225	540,000	资本公积	股本溢价	62,000
	丙材料	100千克	50	5,000	盈余公积	法定盈余公积金	130,000
材料成本差异	甲材料			1,500		任意盈余公积金	8,000
	乙材料			-1,000			
库存商品	A型塑具	100件	2,000	200,000			
	B型塑具	200件	1,000	200,000			
其他应收款	存出保证金			10,000			
	家属医保费			460			
长期股权投资	E公司股票			500,000			
固定资产	一车间厂房			500,000			
	一车间机器			300,000			
	二车间厂房			400,000			
	二车间机器			350,000			
	机修车间厂房			40,000			
	机修车间机器			10,000			
	供水车间厂房			100,000			
	供水车间机器			40,000			
	非生产用固定资产			180,000			
无形资产	专利权			120,000			

三、11月30日"本年利润"科目中各转入数据的累计数(见表2-3)

表2-3 "本年利润"科目中各转入数据的累计数　单位：元

科目名称	借方发生额合计	科目名称	贷方发生额合计
主营业务成本	2,200,000	主营业务收入	5,450,000
其他业务成本	80,000	其他业务收入	157,000
营业税金及附加	51,000	公允价值变动损益	80,000
销售费用	300,000	营业外收入	11,600
管理费用	1,800,000		
财务费用	16,000		
资产减值损失	320		
营业外支出	5,000		

四、1—11月现金流量表(见表2-4)

五、1—11月份所有者权益变动说明：

1. 5月20日向股东分配现金股利200,000元；
2. 7月15日D公司投入1,212,000元，其中1,150,000元确认为"股本"，62,000元确认为"资本公积(股本溢价)"。

六、其他会计资料

(1) 年初各总分类账户余额如表2-5所示。
(2) 上年度利润表资料如表2-6所示。

第二章 实验资料

表 2-4 现金流量表

单位：元

项　目	行次	金　额	补　充　资　料	行次	金　额
一、经营活动产生的现金流量：			1. 将净利润调节为经营活动现金流量：		
销售商品、提供劳务收到的现金	1	6,241,150.00	净利润	57	1,246,280.00
收到的税费返还	3		加：资产减值准备	58	
收到的其他与经营活动有关的现金	8	261,627.44	固定资产折旧	59	190,000.00
经营活动现金流入小计	9	6,502,777.44	无形资产摊销	60	11,000.00
购买商品、接受劳务支付的现金	10	3,005,923.20	长期待摊费用摊销	61	
支付给职工以及为职工支付的现金	12	686,900.00	处置固定资产、无形资产和其他长期资产的损失（收益以"-"填列）	66	5,000.00
支付的各项税费	13	1,110,376.80	固定资产报废损失（收益以"-"填列）	67	
支付的其他与经营活动有关的现金	18	1,141,477.44	公允价值变动损失（收益以"-"填列）	68	-80,000.00
经营活动现金流出小计	20	5,944,677.44	财务费用	69	16,000.00
经营活动产生的现金流量净额	21	558,100.00	投资损失（收益以"-"填列）		

续 表

项　　目	行次	金　额	补 充 资 料	行次	金　额
二、投资活动产生的现金流量：			递延所得税资产减少（增加以"—"填列）	70	
收回投资所收到的现金	22		递延所得税负债增加（减少以"—"填列）	71	
取得投资收益所收到的现金	23		存货的减少（增加以"—"填列）	72	−240,960.00
处置固定资产、无形资产和其他长期资产所收回的现金净额	25		经营性应收项目的减少（增加以"—"填列）	73	−134,810.00
处置子公司及其他营业单位收到的现金净额	26		经营性应付项目的增加（减少以"—"填列）	74	−449,410.00
收到的其他与投资活动有关的现金	28		其他	75	−64,000.00
投资活动现金流入小计	29		经营活动产生的现金流量净额		489,100.00
购建固定资产、无形资产和其他长期资产所支付的现金	30	502,000.00			
投资支付的现金	31	20,000.00			
取得子公司及其他经营单位支付的现金净额					

第二章 实验资料

续 表

项目	行次	金额	补充资料	行次	金额
支付其他与投资活动有关的现金	35				
投资活动现金流出小计	36	522,000.00	2. 不涉及现金收支的投资和筹资活动：		
投资活动产生的现金流量净额	37	-522,000.00	债务转为资本	76	
三、筹资活动产生的现金流量：			一年内到期的可转换公司债券	77	
吸收投资所收到的现金	38	1,212,000.00	融资租入固定资产	78	
借款所收到的现金	40				
收到的其他与筹资活动有关的现金	43				
现金流入小计	44	1,212,000.00	3. 现金及现金等价物净增加情况：		
偿还债务所支付的现金	45	479,200.00			
分配股利、利润或偿付利息所支付的现金	46	216,000.00	现金的期末余额	79	2,457,900.00

续 表

项　目	行次	金额	补充资料	行次	金额
支付的其他与筹资活动有关的现金	52		减：现金的期初余额	80	1,905,000.00
现金流出小计	53	695,200.00	加：现金等价物的期末余额	81	
筹资活动产生的现金流量净额	54	516,800.00	减：现金等价物的期初余额	82	
四、汇率变动对现金的影响	55		现金及现金等价物净增加额	83	552,900.00
五、现金及现金等价物净增加额	56	552,900.00			
加：期初现金及现金等价物余额		1,905,000.00			
六、期末现金及现金等价物余额		2,457,900.00			

表 2-5 年初各总分类账户余额　　　　　　　单位：元

科目名称	借方金额	科目名称	贷方金额
库存现金	5,000	短期借款	764,000
银行存款	1,900,000	应付账款	600,000
交易性金融资产	400,000	应付职工薪酬（职工福利）	12,800
应收票据	12,000	应交税费（应交所得税）	47,840
应收账款	1,140,000	长期借款	467,200
坏账准备	－5,700	股本	4,350,000
原材料	554,000	盈余公积	138,000
材料成本差异	1,540	利润分配（未分配利润）	200,000
库存商品	284,000		
其他应收款	11,000		
长期股权投资	480,000		
固定资产	1,850,000		
累计折旧	－170,000		
无形资产	120,000		
累计摊销	－2,000		
合计	6,579,840	合计	6,579,840

表 2-6 上年度利润表资料　　　　　　单位：元

项　　目	本期金额
一、营业收入	5,690,000
减：营业成本	2,450,000
营业税金及附加	40,000
销售费用	320,000
管理费用	2,000,000
财务费用	20,000
资产减值损失	5,000
加：公允价值变动收益（损失以"－"号填列）	25,000
投资收益（损失以"－"号填列）	40,000
其中：对联营企业和合营企业的投资收益	
二、营业利润（亏损以"－"号填列）	920,000
加：营业外收入	15,000
减：营业外支出	9,000
其中：非流动资产处置损失	
三、利润总额（亏损总额以"－"号填列）	926,000
减：所得税费用	231,500
四、净利润（净亏损以"－"号填列）	694,500
五、每股收益：	
（一）基本每股收益	0.1596
（二）稀释每股收益	

第三节　会计交易及事项

本年12月发生以下会计事项：

(1) 1日，将超限额库存现金1,300元送存银行。（附件1）

(2) 2日，向清江市物资公司购入甲材料2,000千克，单价90元，增值税率17%，用电汇方式支付货款。清江市物资公司开户行：清江市工商银行；账号：222333。（附件2、3、4）

(3) 2日，向清江市贸易公司购入乙材料800千克，单价220元，增值税率17%，款项暂欠。（附件5、6）

(4) 2日，用现金支付甲、乙材料运费840元，按材料重量分配。（附件7、8）

(5) 2日，甲、乙两种材料验收入库，结转材料成本差异。（附件9）

(6) 3日，向银行申请办理银行承兑汇票并承兑，票面金额200,000元，用以清偿广发公司货款，期限3个月，按票面金额的2‰交纳手续费。（附件10、11）

(7) 3日，将银行承兑汇票交给广发公司，抵付前欠货款。广发公司开户行：工商银行上海市分行；账号：333444。（附件12、13、14）

(8) 3日，采购员张明借支差旅费2,000元，用现金支付。（附件15）

(9) 3日，用支票购入市物资公司出售的木箱100个，单价20元，增值税率17%，木箱已验收入库，准备用于包装产品。市物资公司开户行：工行北京西路分理处；账号：444555。（附件16、17、18、19）

(10) 4日，向山东机床厂购入设备A一台，单价690,000元，增值税率17%，运杂费11,300元，用支票支付，该设备投入安装。山东机床厂开户行：工行青云路分理处；账号：3444555。（附件20、21、22、23）

(11) 5日,领用甲材料1,000千克,用于生产A型塑具。(附件24)

(12) 5日,领用乙材料1,000千克,用于生产C型塑具和B型塑具。C型塑具材料消耗定额为840千克,B型塑具材料消耗定额为160千克。(附件25)

(13) 6日,发出丙材料30千克,其中机修车间10千克,供水车间20千克。(附件26)

(14) 6日,为支援山湖工厂让售甲材料50千克,单价140元,增值税率17%,款项暂欠。(附件27)

(15) 6日,结转已售甲材料成本。(附件28)

(16) 7日,售出二车间机器一台,原价55,000元,已提折旧30,000元,售价30,000元,收到支票一张,款项存入银行。(附件29、30、31)

(17) 7日,用支票支付上项固定资产清理费用给建兴公司1,000元,建兴公司开户行:工行北京西路分理处;账号:262626。(附件32、33)

(18) 7日,结转出售机器损益。

(19) 8日,开出支票交给第一安装公司,支付设备A安装费23,400元,该公司账号:595959;开户行:建行城南分理处。(附件34、35)

(20) 8日,设备A安装完毕,交付二车间使用。(附件36)

(21) 9日,机修车间张强报销工具一套,价款100元,用现金支付,并办理入库领用手续。(附件37)

(22) 10日,将款项10,000元汇往济南市工商银行,开立采购专户。账号:332255。(附件38)

(23) 10日,职工赵平报销医药费800元,以现金支付。(附件39)

(24) 11日,第二车间领用包装用木箱50个。(附件40)

(25) 13日,收到银行转来的电费付款通知,本月电费9,200元。经查电表确定:一车间生产用电1,800度,其中A型塑具1,000度、B

型塑具800度、照明用电200度;二车间生产C型塑具用电500度,照明用电200度;机修车间耗电600度,供水车间用电700度;管理部门用电1,000度。(附件41、42、43、44)

(26) 15日,根据工资汇总表提取现金,并按工资计算表发放工资。(附件45、46)

(27) 15日,分配工资,并按工资总额的14%提取职工福利费。A型塑具耗用生产工人工时600工时,B型塑具耗用400工时。(附件47、48)

(28) 15日,按工资总额的2%提取工会经费。

(29) 15日,开出支票,将提取的工会经费交公司工会。工会开户行:工行上海市杨浦支行;账号:666666。(附件49)

(30) 15日,按工资总额的1.5%,提取职工教育经费。

(31) 15日,供应科交来出差在外职工张明的本月工资500元。(附件50)

(32) 15日,结转工资中的代扣款项。

(33) 16日,销售B型塑具80件给济南市化工公司,单位售价2,500元,增值税率17%,用现金900元代垫运杂费,办妥托收手续。济南市化工公司开户行:工行济南市支行;账号:868586。(附件51、52)

(34) 16日,销售A型塑具90件给新新公司,售价单价4,000元,增值税率17%,收到三个月期限的商业承兑汇票一张。该公司开户行:工行上海市武进路支行;账号:8585840。(附件53、54)

(35) 17日,采购员张明返厂,报销差旅费1,800元,退回现金200元。(附件55、56)

(36) 17日,张明领取本月工资,以现金支付。(附件57)

(37) 17日,张明报销用济南采购专户款项采购的丙材料普通发票一张,价款8,000元,该材料160千克全部验收入库。(附件58、59)

(38) 18日,收到银行转来济南采购专户余款2,000元的收账通

知。(附件60)

(39) 19日,永安公司的面值18,000元的商业承兑汇票到期,款项存入银行,永安公司账号:212121;开户行:工行上海分行杨浦支行。(附件61)

(40) 19日,厂长办公室报销购宣传画用款200元,以现金支付。(附件62)

(41) 20日,经财产清查,发现丙材料盘盈2千克,木箱盘亏4个,一车间盘亏机器一台,账面原价80,000元,已提折旧76,000元。应收账款中三江公司货款逾期3年尚未归还。(附件63)

(42) 20日,接受光明公司投资转入丁材料1,000千克,单价100元,增值税率:17%。(附件64、65、66)

(43) 20日,接受光明公司投资转入电脑服务器一台。原账面价值50,000元,已提折旧10,000元,评估确认价为35,000元,交付厂部使用。(附件67、68)

(44) 21日,二车间报废H机器一台,原价4,000元,已提折旧3,800元,用现金支付清理费用50元。(附件69、70)

(45) 22日,经厂务会议审批,盘亏机器损失作营业外支出,材料及包装物盘盈盘亏转入管理费用,三江公司欠款冲减坏账准备。(附件71)

(46) 22日,报废H机器残料交废品公司收购,获取现金160元。同时结转固定资产清理损益。(附件72、73)

(47) 24日,收到富华公司转来款项20,000元,其中归还前欠款10,000元,预付货款10,000元,富华公司开户行:工行青山分理处;账号:21212。(附件74)

(48) 25日,银行通知本季存款利息2,000元。(附件75)

(49) 25日,摊销专利权价值1,000元。(附件76)

(50) 25日,计提折旧。(附件77)

(51) 26日,根据投资合同,将原价为6,000元的设备C一套对H

公司投资,双方协议作价5,000元转让,该设备已提折旧1,000元。(附件78、79)

(52) 28日,召开先进生产者表彰大会,用现金支付奖品费200元。(附件80)

(53) 29日,用支票向劳保用品商店购入工作服300套,每套100元,增值税率17%。劳保用品商店开户行:工行上海市分行;账号:4445550。工作服验收入库,该用品税务局不同意抵扣税款。(附件81、82、83、84)

(54) 29日,一车间领用工作服150套,二车间领用工作服80套,机修车间领用工作服40套,供水车间领用工作服20套。(附件85、86)

(55) 30日,结转发出甲、乙材料的成本差异。(附件87)

(56) 30日,收到林山公司发来甲材料500千克,验收入库,账单尚未收到。(附件88)

(57) 30日,接银行通知,本季借款利息13,000元,其中短期借款利息8,000元、长期借款利息5,000元,该长期借款用于企业的新厂房建设,预计明年2月完工。(附件89)

(58) 30日,新华公司财务困难,无法支付前欠货款,经双方协商同意,200,000元债务抵换80,000股新华公司股份,占新华公司总股份的10%,每股面值1元,公允价值2元,大华公司该笔欠款已计提坏账准备600元。(合同文件略)

(59) 30日,大华公司用本厂的一辆小汽车换得大力公司设备一台,小汽车原价80,000元,累计折旧30,000元,公允价值47,000元;设备原价70,000元,已提折旧25,000元,公允价值45,000元。大力公司另支付补价2,000元。(合同文件略)

(60) 31日,用支票向上海蓝天电视台支付广告费3,000元。电视台开户行:工行上海市虹口支行;账号:888999。(附件90、91)

(61) 31日,收到联营公司分来的投资收益(对方已税,对方所得税税率与本企业相同),金额按学生本人学生证最后3位数乘以100。

(附件92)

(62) 31日,分配辅助生产费用。一车间耗水6,000 T,二车间耗水3,800 T,机修车间耗水100 T,厂部用水100 T;一车间维修工时500小时,二车间维修用工时300小时,厂部维修工时100小时,供水车间用维修工时100小时。(附件93 请学生自行设计分配表)

(63) 31日,按产品耗用生产工人工时分配一车间的制造费用。(附件94 请学生自行设计)

(64) 31日,结转二车间制造费用。

(65) 31日,本月A型塑具完工50件,在产品50件。结转完工产品成本。(附件95、96)

(66) 31日,本月B型塑具完工45件,在产品60件。结转完工产品成本。(附件97)

(67) 31日,结转已销产品成本,计提坏账准备。(附件98、99)

(68) 31日,计算本月应交增值税,同时上交应交的增值税金。(附件100、101)

(69) 31日,计算本月应交城市维护建设税和教育费附加并交纳。城市维护建设税税率为7%,教育费附加征收率为3%。

(70) 31日,大华公司去年底购买作为交易性金融资产的F公司的股票,每股价格涨至13元(原购买40,000股,每股买价10元,本年6月30日价格涨至每股12元,公司已确认了80,000元的公允价值变动收益)。

(71) 31日,大华公司支付价款300,000元从二级市场又购入I公司发行的股票10,000股,每股价格30元(含已宣告但尚未发放的现金股利0.5元),另支付交易费用1,200元。大华公司将持有的I公司股权划分为交易性金融资产,且持有I公司股权后对其无重大影响。

(72) 将本年计提的福利费用于职工外出休养,款项已付。(附件102)

(73) 31日,结转损益类账户到"本年利润"账户。

(74) 31日,计算本年应交所得税,税率25%。

(75) 31日,按税后利润的10%提取法定盈余公积金及5%的任意盈余公积;将可供分配利润的30%,分配投资者D公司,用银行存款支付投资者D公司利润。D公司开户行:工行上海路分理处;账号:432578。

(76) 31日,交清所欠税金。(附件103、104)

(77) 31日,将"本年利润"及"利润分配"有关明细账余额转入"利润分配——未分配利润"账户。

(78) 31日,结转,编制试算平衡表。

(79) 31日,根据12月份各总分类账户和明细分类账户有关余额,以1—12月份资料作为本年度资料,编制资产负债表、所有者权益变动表、利润表及现金流量表等。

第三章 操作要求

第一节 会计核算方法

科目汇总表核算形式又称记账凭证汇总表核算形式,其主要特点是定期将各种记账凭证上的金额按照会计科目进行汇总,然后根据科目汇总表登记总分类账的一种会计核算形式。在科目汇总表核算形式下,记账凭证可以采用收款凭证、付款凭证和转账凭证。

采用科目汇总表核算形式的工作步骤如下:

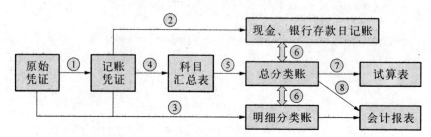

① 根据原始凭证或原始凭证汇总表编制收款凭证、付款凭证和转账凭证;

② 根据收款凭证、付款凭证登记现金日记账和银行存款日记账;

③ 根据原始凭证、汇总原始凭证和记账凭证,登记各种明细分类账;

④ 根据收款凭证、付款凭证、转账凭证通过"T"字账户定期编制科目汇总表;

⑤ 根据科目汇总表登记总分类账;
⑥ 现金日记账、银行存款日记账和明细账分别与总分类账定期核对;
⑦⑧ 根据总分类账和有关明细账编制会计报表。

第二节　账务操作程序

一、建账

建账时,应当首先在账簿封面上写明单位名称和账簿名称;在账簿扉页上应当附启用表,内容包括:启用日期、账簿页数、记账人员和会计机构负责人、会计主管人员姓名,并加盖名章和单位公章。

账簿第一页应设置科目索引,内容包括账号名称、各账号页数。

在账页上端的正中横线上填写一级科目名称,将明细科目写在账页的右上角或左上角上,以确定账号名称,同时填写期初余额。

（一）总分类账

总分类账是按照总分类账号分类登记全部经济业务的账簿。为保证账簿资料的安全、完整,实际工作中,大部分单位的总账都是采用订本式账簿。在模拟实验时,为节约经费可采用活页式账簿。

总账上各会计科目的排列,应按照会计科目的编号顺序分资产、负债、所有者权益、收入、费用、利润依次排列,并填写总账目录,以便查找。

（二）日记账

模拟实验时,要设立现金日记账、银行存款日记账。日记账即序时账,是按照经济业务发生的先后顺序逐笔登记的账簿。根据现行会计制度规定,现金日记账、银行存款日记账必须采用订本账。在一般情况下,其格式可采用三栏式或多栏式账页。日记账应做到"日清月结"。模拟实践时,为了节省费用可用活页式账簿替代实际工作中所用的订本式账簿。

其他货币资金，一般不设日记账进行序时核算，只按其他货币资金的种类设置明细账进行明细核算。

（三）明细分类账

明细分类账是按照总分类账的二级科目或明细科目开设账户，用来分类登记经济业务的账簿。明细账的格式主要有"三栏式"、"数量金额式"、"多栏式"等。根据在本教材所提供的经济业务，应开设以下明细账。

1. 基本生产成本明细账

一车间设"A产品"和"B产品"明细账，二车间设"C产品"明细账。明细账采用多栏式账页，按"直接材料"、"直接工资"、"燃料和动力"、"制造费用"设专栏。

2. 辅助生产成本明细账

辅助生产成本明细账，应分别按"机修车间"、"供水车间"设两个明细账。采用多栏式账页，按"原材料"、"工资及福利费"、"燃料和动力"、"其他"等设专栏。

3. 制造费用明细账

制造费用明细账，应按基本生产车间分别设置，即设立制造费用——一车间、制造费用——二车间两个明细账。采用多栏式账页，按"工资及福利费"、"折旧费"、"修理费"、"办公费"、"水电费"、"其他"等设专栏。

4. 管理费用明细账

采用多栏式账页，按"工资及福利费"、"折旧费"、"无形资产摊销"、"办公费"、"招待费"、"坏账准备"、"差旅费"、"劳动保险费"、"其他"等项目设专栏。

5. 本年利润明细账

采用多栏式账页，按损益类科目名称设专栏。

6. 存货明细账

采用数量金额式账页，主要设立甲材料明细账、乙材料明细账、丙材料明细账、丁材料明细账、A产品明细账、B产品明细账、木箱明细账、工作服明细账等专栏。

7. 材料采购差异明细账

采用数量金额式账页,根据本材料所提供的资料相应开设专栏。

二、填制原始凭证

(一) 原始凭证的内容

必须具备凭证的名称、填制日期、填制凭证单位名称或者填制人姓名、经办人员的签名或盖章、接受凭证单位名称、经济业务内容、数量、单价和金额。

(二) 原始凭证的条件

从外单位取得的原始凭证,必须盖有填制单位的公章;从个人取得的原始凭证,必须有填制人员的签名或盖章。自制原始凭证,必须有经办单位领导人或者其指定的人员签名或盖章。对外开出的原始凭证,必须加盖本单位公章。

(三) 购买业务的原始凭证

凡填有大写和小写金额的原始凭证,大写与小写金额必须相符。购买实物的原始凭证,必须有验收证明。支付款项的原始凭证,必须有收款单位和收款人的收款证明。

(四) 一式几联的原始凭证

应当注明各联的用途,只能以一联作为报销凭证。

一式几联的发票和收据,必须用双面复写纸(发票和收据本身具备复写纸功能的除外)套写,并连续编号。作废时,应当加盖"作废"戳记,连同存根一起保存,不得撕毁。

(五) 发生销货退回

除填制退货发票外,还必须有退货验收证明;退款时,必须取得对方的收款收据或者汇款银行的凭证,不得以退货发票代替收据。

(六) 职工公出借款凭据

必须附在记账凭证之后。收回借款时,应当另开收据或者退还借据副本,不得退还原借款收据。

(七) 经上级有关部门批准的经济业务

应当将批准文件作为原始凭证附件。如果批准文件需要单独归档的,应当在凭证上注明批准机关名称、日期和文件字号。

原始凭证不得涂改、挖补。发现原始凭证有错误的,应当由开出单位重开或更正,更正处应当加盖开出单位的公章。

三、编制记账凭证

会计人员根据审核无误的原始凭证填制记账凭证。记账凭证的内容必须具备:填制凭证的日期;凭证编号;经济业务摘要;会计科目;金额;所附原始凭证张数;填制凭证人员、稽核人员、记账人员、会计机构负责人、会计主管人员签名或盖章。收款和付款记账凭证,还应当由出纳人员签名或盖章。

编制的具体要求有以下几方面。

(一) 凭证的日期

在实际工作中,记账凭证中的日期,是以会计人员填制凭证的当天日期来填列的。但在模拟实践中,可以按经济业务发生的日期填写。

(二) 凭证的编号

填制记账凭证时,应当对记账凭证进行连续编号,不得跳号和重号。编号时,可以按现收、现付、银付、转账凭证分别连续编号,也可以不分收款凭证、付款凭证、转账凭证的类别统一编号。如果一笔经济业务需要填制两张以上记账凭证时,可采用分数编号法编号。例如,第三笔经济业务需要填制两张记账凭证时,则其中第一张凭证编号为 3-1/2,第二张凭证编号为 3-2/2。数的整数部分为总号,表示经济业务的顺序,其分数部分为分号,其中分母表示该业务共有两张记账凭证,分子表示两张的第一张或第二张。

(三) 摘要的填写

摘要是对经济业务的简单说明,填写时要简明扼要,又要说明问题。实际工作摘要栏的填写有很大的随意性,但不同的业务应抓住重点进行摘要。例如,现金业务应着重写明现款收、付的对象和事由,银行转账结算业务应着重写明结算方式、结算凭证号码、发生结算业务的对象及内容;更正错账或调整转账等,要写明原账证的日期和凭证编号,以及更正或调整的原因。

（四）金额的填写

（1）阿拉伯数字应当一个一个地写,不得连笔写。阿拉伯数字金额前面应当书写货币币种符号。币种符号与阿拉伯数字金额之间不得留有空白。凡阿拉伯数字前写有币种符号的,数字后面不再写货币单位。

（2）所有以元为单位的阿拉伯数字,除表示单价等情况外,一律填写到角分;无角、分的,角位和分位可写"00",或者符号"——";有角无分的,分位应当写"0",不得用符号"——"代替。

（3）汉字大写数字金额,如零、壹、贰、叁、肆、伍、陆、柒、捌、玖、拾、佰、仟、万、亿等,一律用正楷或行书体书写,不得用 0、一、二、三、四、五、六、七、八、九、十等简化字代替,不得任意自造简化字。大写金额数字到元或者角为止的,在"元"或者"角"字之后应当写"整"字或者"正"字;大写金额数字有分的,分字后面不写"整"或者"正"字。

（4）大写金额数字前未印有货币名称的,应当加填货币名称,货币名称与金额数字之间不得留有空白。

（5）阿拉伯数字金额中间有"0"时,汉字大写金额要写"零"字;阿拉伯数字金额中间连续有几个"0"时,汉字大写金额中可以只写一个"零"字;阿拉伯数字金额元位是"0",或者数字中间连续有几个"0"、元位也是"0"但角位不是"0"时,汉字大写金额可以只写一个"零"字,也可以不写"零"字。

（6）记账凭证填制完经济业务事项后,如有空行,应当自金额栏最后一笔数字下的空行处至合计数上的空行处画线注销。

（五）附件的处理

除结账和更正错误的记账凭证可以不附原始凭证外,其他记账凭证必须附有原始凭证。

如果一张原始凭证涉及几张记账凭证,可以把原始凭证附在一张主要的记账凭证后面,并在其他记账凭证上注明附有该原始凭证的记账凭证的编号或者附原始凭证复印件。

填制记账凭证时,凡是应附的原始凭证都应附在记账凭证的后面,最好先用大头针别上,不要将两者直接粘贴在一起,以利凭证的装订,记账凭证上要注明附件张数,并与所附凭证张数相符。凡所附凭证面积大于记账凭证的部分,要按记账凭证的面积折叠整齐,以利保管。

(六) 其他填写要求

以自制的原始凭证,或者原始凭证汇总表代替记账凭证的,也必须具备记账凭证应有的项目。

记账凭证可以根据每一张原始凭证填制,或者根据若干张同类原始凭证汇总填制,也可以根据原始凭证汇总表填制。但不得将不同内容和类别的原始凭证,汇总填制在一张记账凭证上。

如果在填制记账凭证时发生错误,应当重新填制。

已经登记入账的记账凭证,在当年内发现填写错误时,可以用红字填写一张与原内容相同的记账凭证,在摘要栏注明"注销某月某日某号凭证"字样,同时再用蓝字重新填制一张正确的记账凭证,注明"订正某月某日某号凭证"字样。如果会计科目没有错误,只是金额错误,也可以将正确数字与错误数字之间的差额,另编一张调整的记账凭证,调增金额用蓝字,调减金额用红字。发现以前年度记账凭证有错误的,应当用蓝字填制一张更正的记账凭证。

记账凭证填制完经济业务事项后,如有空行,应当自金额栏最后一笔金额数字下的空行处至合计数上的空行处画线注销。

填制会计凭证,字迹必须清晰、工整。

(七) 科目汇总表的编制

(1) 科目汇总表的上端"　年、月、日起至　月、日"及"凭证号"两项是用来说明总时间范围的。(本实验分两次汇总,即1—15日、16—

31日),这是防止重汇、漏汇和依顺序对账的关键所在。

(2) 将15日内的全部记账凭证,按照相同科目归类汇总。

(3) 计算出每一会计科目的借方本期发生额和贷方本期发生额。

(4) 将计算结果填入科目汇总表相应科目的"本期发生额"栏内。

(5) 科目汇总表中的会计科目按编号顺序排列。本期没有发生额的科目不填。

(6) 汇总过程中如遇有红字发生额时,应在同一科目、同一方向的蓝字中减去。如红字大于蓝字时,应在汇总表中以红字填写其差额,借贷方向不变。

四、记账和结账

(一) 记账的依据

明细账可根据原始凭证、原始凭证汇总表或记账凭证逐笔登记。银行存款日记账,现金日记账,根据收款、付款凭证逐笔依顺序登记。

总账根据科目汇总表登记,总账上的"月、日"应填写科目汇总的"月、日",凭证种类可填"汇＊"号。同一个会计科目借、贷方均有发生额的,应填在同一行。

(二) 记账的要求

(1) 登记会计账簿时,应当将会计凭证日期、编号、业务内容摘要、金额和其他有关资料逐项记入账内,做到数字准确、摘要清楚、登记及时、字迹工整。

登记完毕后,在记账凭证的特定位置上打钩,注明已经登账的符号。同时,在记账凭证上签名或盖章。

账簿中书写的文字和数字上面要留有适当空格,不要写满格;一般应占格距的二分之一。

登记账簿要用蓝黑墨水或碳素墨水书写,不得使用圆珠笔和铅笔(特别情况除外)。

为了保持账页的美观,每一页的第一笔业务的年、月应在年、月栏中填写。只要不跨月,以后本页再登记时,一律不填月份,只填日期。跨月登记时,应在上月的月结线下的月份栏内填写新的月份。

(2) 每一账页登记完毕结转下页时,应当结出本页合计数及余额,写在本页最后一行和下页第一行有关栏内,并在摘要栏内注明"过次页"和"承前页"字样;也可以将本页合计数及金额只写在下页第一行有关栏内,并在摘要栏内注明"承前页"字样。具体办法:对需要结计本月发生额的账号,结计"过次页"的本页合计数应当为自本月初起至本页末止的发生额合计数;对需要结计本年累计发生额的账号,结计"过次页"的本页合计数应当为自年初起至本页末止的累计数;对既不需要结计本月发生额也不需要结计本年累计发生额的账号,可以只将每页末(倒数第 2 行)的余额结转次页,但为了验证月末余额的计算是否正确,可用铅笔结出每页的发生额。

(3) 下列情况,可以用红色墨水记账:

按照红字冲账的记账凭证,冲销错误记录;

在不设借、贷等栏的多栏式账页中,登记减少数;

在三栏式账号的余额栏前,如未印明余额方面的,在余额栏内登记负数余额;

根据国家统一会计制度的规定,可以用红字登记的其他会计记录。

(4) 各种账簿按页次顺序连续登记,不得跳行、隔页。如果发生跳行、隔页,应当将空行、空页画线注销,或者注明"此行空白"、"此页空白"字样,并由记账人员签名或盖章。

(5) 登账时,要求书写正确、美观。

(6) 实验中,为防止在账簿记录中更正错误引起连锁反应(即一个数字改动了,与之有关的其他数字都要随之改动),除月末和转页这两种情况外,其他时候登记账簿都不要用墨水结出余额,需要及时了解账户的余额,应用铅笔写在余额栏。

(三) 结账

结账表示一个会计期间的终了。结账包括三项内容:一是期末结清收入、费用账户,并据以计算确定本期的利润或亏损;二是年终结清"本年利润"账;三是月末结算出资产、负债、所有者权益账户的本期发生额及期末余额。

1. 结账前的工作

结账前,必须将本期内所发生的各项经济业务全部登记入账,并需要查明本期内所发生的经济业务是否已全部登记入账,要按权责发生制原则对账项进行调整,并进行对账。具体工作包括:

(1) 账证核对。核对会计账簿记录与原始凭证,记账凭证的时间,凭证字号、内容、金额等是否一致,记账方向是否相符。

(2) 账账核对。核对不同会计账簿之间的账簿记录是否相符。包括:总账有关账户的余额核对,总账与明细账核对,总账与日记账核对,会计部门的财产、物资明细账与财产、物资保管和使用部门的有关明细账核对等。

(3) 账实核对。核对会计账簿记录与财产等实有数额是否相符。包括:现金日记账账面余额与现金实际库存数相核对,银行存款日记账账面余额定期与银行对账单相核对,各种财、物明细账账面余额与财、物实存数额相核对,各种应收、应付款明细账账面余额与有关债务、债权单位或个人核对等。

2. 结账的注意事项

结账应注意以下几个方面的内容:

(1) 结账时,应当结出每个账户的期末余额。结出余额后,应当在"借或贷"等栏内写明"借"或"贷"等字样,没有余额的账户,应当在"借或贷"等栏内写"平"字,并在余额栏内用"Q"表示。

(2) 不同的账户记录要求采用不同的结账方法。

对不需要按月结计本期发生额的账户,如各项应收款明细账和各项财产、物资明细账等,凡在会计报表中不需填列发生额的资产、负债、所有者权益账户均只结余额,不必加计发生额,每次记账都要随时结出余额,每月最后一笔余额即为月末余额。月末结账时,只需要在最后一笔经济业务记录之下划一单红线，不需要再结计一次余额。

现金日记账和银行存款日记账必须逐日结出余额，现金、银行存款日记账，以及需要按月结计发生额的收入、费用等明细账，每月结账时，要在最后一笔经济业务记录下面划一单红线，结出本月发生额和余额，在摘要栏内注明"本月合计"字样，在下面再划一条单红线。

需要结计本年累计发生额的某些明细账户，如产品销售收入、成本明细账簿，每月结账时，应在"本月合计"行下结计自年初起至本月末止的累计发生额，登记在月份发生额下面，在摘要栏内注明"本年累计"字样，并在下面再划一单红线。12月末的"本年累计"就是全年累计发生额，全年累计发生额下划双红线。如果本月只发生一笔经济业务，由于这笔记录的金额就是本月发生额，结账时只要在此项记录下划一单红线，表示与下月的发生额分开就可以了，不需另结出"本月合计"数。

总账账户平时只需结计月末余额。年终结账时，为了反映全年各项资产、负债及所有者权益增减变动的全貌，便于核对账目，要将所有总账账户结计全年发生额和年末余额，在摘要栏内注明"本年合计"字样，并在合计数下划一双红线。

（3）结账画线。结账画线的目的，是为了突出本月合计数及月末余额，表示本会计期的会计记录已经截止或结束，并将本期与下期的记录明显分开。根据《规范》规定，月结划单线，年结划双线。画线时，应划红线，并应划通栏线，不应只在本账页中的金额部分画线。

（4）账户余额的填写方法。每月结账时，应将月末余额写在本月最后一笔经济业务记录的同一行内。但在现金日记账、银行存款日记账和其他需要按月结计发生额的账户，如各种成本、费用、收入的明细账簿，每月结账时，还应将月末余额与本月发生额写在同一行内，在摘要栏内注明"本月合计"字样。这样做，账户记录中的月初余额加减本期发生额等于月末余额，便于账户记录的稽核。需要结计本年累计发生额的某些明细账户，每月结账时，"本月合计"行已有余额的，"本年累计"行就不必再写余额了。

(5) 年度终了,凡有余额的账户都需转入下年的新账。转下年时要在摘要栏注明"结转下年"字样;在下一会计年度新建有关会计账簿的第一行余额栏内填写上年结转的余额,并在摘要栏注明"上年结转"字样,不需要编制记账凭证。一般来说,总账、日记账和多数明细账应每年更换一次。但有些财产物资明细账和债权债务明细账,由于材料品种、规格和往来单位较多,更换新账,重抄工作量较大,因此可以跨年使用,不必每年更换一次。各种备查簿也可以连续使用。

五、差错更正

账簿记录发生错误,不准涂改、挖补、刮擦或者用药水消除字迹,不准重新抄写,必须按照下列方法进行更正。

(1) 凭证正确而登记账簿时发生错误,应当将错误的文字或者数字划红线注销,但必须使原有字迹仍可辨认;然后在画线上方填写正确的文字或者数字,并由记账人员在更正处盖章。对于错误的数字,应当全部划红线更正,不得只更正其中的错误数字;对于文字错误,可只划去错误的部分。

(2) 由于记账凭证错误而使账簿记录发生错误,应按照红字冲销或补充登记法填制差错更正凭证,并按更正的记账凭证登记账簿。

六、会计报表的编制

结账后,会计人员应根据总账本期发生额和期末余额编制会计科目发生额试算平衡表,即全部账户的借方本期发生额之和等于全部账户贷方本期发生额之和,然后再编制期末余额表,并使全部账户的借方期末余额之和等于全部账户的贷方期末余额之和。会计报表的编制应遵循相应的会计准则和会计制度的规定。

(一) 资产负债表的编制

资产负债表各项目设立"年初余额"和"期末余额"两栏,通过比较可以揭示企业资产、负债和所有者权益在一定时期内的增减变动情况。

1. 资产负债表"年初余额"的填列

资产负债表中"年初余额"栏各项目数字，应根据上年末资产负债表"期末余额"栏内所列数字填列。若上年度有关项目的名称和内容与本年不相一致，则应按照本年的规定调整后再填列。

2. 资产负债表"期末余额"栏的填列

资产负债表各项目"期末余额"的填列，可归纳为以下几种方法。

(1) 根据总账账户余额直接填列。

资产类项目有：交易性金融资产、应收票据、应收股利、应收利息、可供出售金融资产、固定资产清理等。

负债类项目有：短期借款、应付票据、应付职工薪酬、应交税费、应付利息、应付股利、其他应付款等。

所有者权益类项目有：股本、资本公积、库存股、盈余公积。

(2) 根据总账账户余额计算填列。

1) "货币资金"项目，应根据"库存现金"、"银行存款"、"其他货币资金"账户的期末余额合计填列。

2) "存货"项目，应根据"材料采购"、"原材料"、"周转材料"、"库存商品"、"生产成本"等账户的期末借方余额合计数，加上或减去"材料成本差异"账户的期末余额，再减去"存货跌价准备"账户的期末余额后的金额填列。

3) "其他应收款"、"长期股权投资"、"固定资产"、"在建工程"、"无形资产"、"商誉"等项目，应分别根据相关账户的期末借方余额，减去相对应的各资产减值准备账户期末余额后的净额填列。其中，"固定资产"、"无形资产"项目，还应扣减"累计折旧"、"累计摊销"账户的期末余额。

4) "未分配利润"项目，应根据"本年利润"账户的期末余额减去"利润分配"账户期末余额后的金额填列。

(3) 根据明细账户余额计算填列。

1)"应付账款"项目,应根据"应付账款"和"预付账款"账户所属明细账户中期末贷方余额的合计数填列。

2)"应收账款"项目,应根据"应收账款"和"预收账款"账户所属明细账户的期末借方余额的合计数,减去"坏账准备"账户期末余额中应收账款坏账准备后的金额填列。

3)"预收款项"项目,应根据"应收账款"和"预收账款"账户所属明细账户的期末贷方余额的合计数填列。

4)"预付款项"项目,应根据"应付账款"和"预付账款"账户所属明细账户的期末借方余额的合计数填列。

(4)根据总账账户余额与明细账账户余额分析填列。

1)"长期借款"、"应付债券"、"长期应付款"、"预计负债"项目,应根据相关账户的期末余额扣除所属明细账户中将于一年内到期部分后的金额填列(如果企业因购入有关资产等原因产生未确认融资费用的,在填列"长期应付款"项目时,还应减去"未确认融资费用"账户的期末余额)。

对于长期借款、应付债券、长期应付款、预计负债中将于一年内到期的部分,应在"一年内到期的非流动负债"项目中填列。

(二)利润及利润分配表的编制

利润表的各项目,应根据各损益类账户的发生额分析填列。利润表中"本期金额"栏,反映各项目的本期实际发生数;"上期金额"栏内各项数字,应根据上年该期利润表"本期金额"栏内所列数字填列。如果上年度利润表与本年度利润表的项目名称和内容不相一致,应对上年度利润表的项目的名称和数字按本年度的规定进行调整,填入本表"上期金额"栏。本教材年初起至11月末止的累计实际发生额,如第二章第二节的各表所示。

利润分配表是伴随着利润的产生或亏损的发生而出现的,它属于"损益表"的附表,是在编制损益表的基础上根据企业实际利润的分配情况进行编制的。

（三）现金流量表的编制

1. 经营活动现金流量项目

对于经营活动所产生的现金流量，我国采用直接法和间接法结合的列报方式。直接法是通过现金收入和支出的主要类别，反映来自企业经营活动的现金流量。间接法是以本期净利润为起点，通过调整某些项目后，据以计算出经营活动的现金流量。按照会计准则的规定，现金流量表的正表部分采用直接法填列经营活动的现金流量，同时在补充资料部分采用间接法披露将净利润调节为经营活动现金流量的信息。

（1）"销售商品、提供劳务收到的现金"项目。本项目是反映企业销售商品、提供劳务实际收到的现金。具体包括：收回本期及前期的销售货款和劳务款、转让应收票据，以及预收货款取得现金等。其计算方法有以下两种：

其一，根据现金收入的发生额分析计算。即

销售商品、提供劳务收到的现金 ＝ 本期销售商品、提供劳务收到的现金（包括收到的增值税销项税额）
＋ 本期收回前期销售商品、提供劳务的应收账款和应收票据
＋ 本期预收账款－本期因销售退回而支付的现金
＋ 本期收回前期核销的坏账损失　（公式3－1）

其二，根据有关收入及其相关账户的余额等资料分析计算。即

销售商品、提供劳务收到的现金 ＝ 本期销售商品、提供劳务的收入和增值税销项税额
＋应收账款期初余额－应收账款期末余额
＋应收票据期初余额－应收票据期末余额
＋预收账款期末余额－预收账款期初余额
＋本期收回前期核销的坏账损失
－本期实际核销的坏账损失　（公式3－2）

第三章 操作要求

在运用公式 3-2 时,对实际未增加现金流入而减少的应收账款、应收票据则应予以扣除。

(2)"收到的税费返还"项目。本项目反映企业按规定收到的增值税、消费税、营业税、所得税、教育费附加等各种税费的返还款。

(3)"收到的其他与经营活动有关的现金"项目。本项目反映企业除了上述各项外,收到的其他与经营活动有关的现金流入,如罚款收入、押金收入等。本项目可根据"库存现金"、"银行存款"、"营业外收入"等账户的记录分析计算填列。

(4)"购买商品、接受劳务支付的现金"项目。本项目包括:本期购买商品、接受劳务和预付货款支付的现金,以及支付前期购买商品、接受劳务的应付款项。其计算方法有以下两种:

其一,根据现金支出的发生额分析计算。即

$$\begin{aligned}\text{购买商品、接受劳务支付的现金} =\ &\text{本期购买商品、接受劳务支付的现金}\\&\text{(包括支付的增值税进项税额)}\\+\ &\text{本期以现金支付的前期购买商品、}\\&\text{接受劳务的应付账款和应收票据}\\+\ &\text{本期预付账款}-\text{本期因购货退回收到的现金}\end{aligned}$$

(公式 3-3)

其二,根据有关成本及其相关账户的余额等资料分析计算。即

$$\begin{aligned}\text{购买商品、接受劳务支付的现金} =\ &\text{本期营业成本}\\+\ &\text{本期购买商品、接受劳务的增值税进项税额}\\+\ &\text{存货期末余额}-\text{存货期初余额}\\+\ &\text{应付账款期初余额}-\text{应付账款期末余额}\\+\ &\text{应付票据期初余额}-\text{应付票据期末余额}\\+\ &\text{预付账款期末余额}-\text{预付账款期初余额}\end{aligned}$$

(公式 3-4)

在运用公式3-4时,对于实际未增加现金流出而减少的应付账款、应付票据,以及本期计入存货成本的非现金支出、工资和福利费用等则应予以扣除。

(5)"支付给职工及为职工支付的现金"项目。本项目包括:本期实际支付给职工的工资、奖金、各种津贴、补贴等,以及为职工支付的其他费用。应当注意,企业支付的离退休人员的各项费用,在"支付的其他与经营活动有关的现金"项目中反映;支付给在建工程人员的工资等,则应在投资活动"购建固定资产、无形资产和其他长期资产所支付的现金"项目中反映。本项目可根据"应付职工薪酬"、"库存现金"、"银行存款"等账户的记录分析填列。

(6)"支付的各项税费"项目。本项目包括:本期发生并支付的各种税费,以及本期支付前期的各项税费和预交的税金。但有关购建固定资产等投资活动发生的税款支出,应在投资活动"购建固定资产、无形资产和其他长期资产所支付的现金"项目中反映。本项目可根据"应交税费"、"库存现金"、"银行存款"等账户的记录分析填列。

(7)"支付的其他与经营活动有关的现金"项目。本项目反映企业除了上述各项目外,其他与经营活动有关的现金支出,可根据"库存现金"、"银行存款"、"管理费用"、"营业费用"、"营业外支出"等账户的记录分析填列。

2. 投资活动现金流量项目

(1)"收回投资所收到的现金"项目。本项目反映企业出售、转让或到期收回除现金等价物以外的短期投资、长期股权投资而收到的现金,以及收回长期债权投资本金而收到的现金,不包括长期债权投资收回的利息及收回的非现金资产。本项目可根据"交易性金融资产"、"持有至到期投资"、"长期股权投资"、"库存现金"、"银行存款"等账户的记录分析填列。

(2)"取得投资收益所收到的现金"项目。本项目反映企业因股权性质的投资和债权性质投资而取得的现金股利、利息,以及从子公司、联营公司和合营企业分回利润而收到的现金,不包括股票股利。本项目可根据"库存现金"、"银行存款"、"投资收益"等账户的记录分析填列。

(3)"处置固定资产、无形资产和其他长期资产所收回的现金净额"项目。本项目反映企业处置固定资产、无形资产和其他长期资产所取得的现金,扣除为处置这些资产而支付的有关费用后的净额。本项目可根据"库存现金"、"银行存款"、"固定资产清理"等账户的记录分析填列。

(4)"收到的其他与投资活动有关的现金"项目。本项目反映企业除了上述各项外,收到的其他与投资活动有关的现金流入。其他现金流入如价值较大的,应单独列示。

(5)"购建固定资产、无形资产和其他长期资产所支付的现金"项目。本项目反映企业购建固定资产、取得无形资产和其他长期资产所支付的现金,不包括为购建固定资产而发生的借款利息资本化部分,以及融资租入的固定资产支付的租赁费。借款利息和融资租入的固定资产支付的租赁费,在筹资活动产生的现金流量中反映。本项目可根据"固定资产"、"在建工程"、"无形资产"、"库存现金"、"银行存款"等账户的记录分析填列。

(6)"投资所支付的现金"项目。本项目反映企业进行权益性投资和债权性投资支付的现金,包括企业取得的除现金等价物以外的各种权益性投资和债权性投资所支付的现金,还包括支付的佣金、手续费等。本项目可根据"长期股权投资"、"持有至到期投资"、"交易性金融资产"、"库存现金"、"银行存款"等账户的记录分析填列。

(7)"支付的其他与投资活动有关的现金"项目。本项目反映企业除了上述各项外,支付的其他与投资活动有关的现金流出。其他现金流出如价值较大的,应单独列示。

3. 筹资活动现金流量项目

(1)"吸收投资所收到的现金"项目。本项目反映企业收到的投资者投入的资金,包括发行股票、债券等方式筹集资金实收款项的净额(扣除佣金等发行费用)。本项目可根据"实收资本(或股本)"、"资本公积"、"应付债券"、"库存现金"、"银行存款"等账户的记录分析填列。

(2)"借款所收到的现金"项目。本项目反映企业举借各种短期、长期借款所收到的现金。本项目可根据"短期借款"、"长期借款"、"库存现金"、"银行存款"等账户的记录分析填列。

(3)"收到的其他与筹资活动有关的现金"项目。本项目反映企业除了上述各项目外,收到的其他与筹资活动有关的现金流入。其他现金流入如价值较大的,应单独列示。

(4)"偿还债务所支付的现金"项目。本项目反映企业以现金偿还债务的本金。本项目可根据"短期借款"、"长期借款"、"应付债券"、"库存现金"、"银行存款"等账户的记录分析填列。

(5)"分配股利、利润和偿付利息所支付的现金"项目。本项目反映企业实际支付的现金股利、支付给其他投资单位的利润,以及支付的借款利息、债券利息等。本项目可根据"应付股利"、"财务费用"、"长期借款"、"应付债券"、"库存现金"、"银行存款"等账户的记录分析填列。

(6)"支付的其他与筹资活动有关的现金"项目。本项目反映企业除了上述各项目外,支付的其他与筹资活动有关的现金流出。如捐赠现金支出,以发行股票、债券等方式筹集资金而由企业支付的审计、咨询等费用。其他现金流出如价值较大的,应单独列示。

4. 现金流量表补充资料

(1)"将净利润调节为经营活动的现金流量"部分,就是要求采用间接法计算列示经营活动产生的现金流量净额,即将权责发生制原则下的净利润调整为收付实现制下的经营活动的现金流量,其调整项目可分为四类:一是实际没有支付现金的费用;二是实际没有收到现金的收益;三是不属于经营活动的损益;四是经营性应收、应付项目的增减变动。具体内容如下:

第一,"资产减值准备"项目,反映企业本期计提的各项资产的减值准备。本项目可根据"资产减值损失"等账户的记录分析填列。

第二,"固定资产折旧"项目,反映企业本期计提的固定资产折旧。本项目可根据"累计折旧"账户的本期贷方发生额分析填列。

第三,"无形资产摊销"和"长期待摊费用摊销"两个项目,分别反映企业本期分摊计入成本费用的无形资产的价值及长期待摊费用。两个项目可根据"累计摊销"、"长期待摊费用"账户的本期贷方发生额分析填列。

第四,"处置固定资产、无形资产和其他长期资产的损失(减:收益)"项目,反映企业本期由于处置固定资产、无形资产和其他长期资产而发生的净损失。本项目可根据"营业外收入"、"营业外支出"等账户的所属明细账户记录分析填列。

第五,"固定资产报废损失"项目,反映企业本期固定资产盘亏(减:盘盈)后的净损失。本项目可根据"营业外收入"、"营业外支出"账户的所属账户中盘亏减盘盈的差额填列。

第六,"公允价值变动损益",本项目可根据"公允价值变动损益"账户分析填列,即减收益、加损失。

第七,"财务费用"项目,反映企业本期发生的应属于投资活动或筹资活动的财务费用。本项目可根据"财务费用"账户的本期借方发生额分析填列。

第八,"投资损失(减:收益)"项目,反映企业本期投资所发生的损失减去收益后的净损失。本项目可根据利润表"投资收益"项目的数字分析填列。

第九,"递延所得税资产和递延所得税负债"项目,本项目应加上负债、减去资产。

第十,"存货的减少(减:增加)"项目,可根据资产负债表的"存货"项目的期初、期末余额的差额分析填列。如果存货已计提减值准备,则应根据存货账户的期初、期末余额分析计算填列。

第十一,"经营性应收项目的减少(减:增加)"项目,反映企业本期经营性应收项目的减少。本项目可根据资产负债表中,有关经营性应收项目的期初、期末余额的差额分析填列。对于已计提坏账准备的应收款项,则应根据相关账户的期初、期末余额分析计算填列。

第十二,"经营性应付项目的增加(减:减少)"项目,反映企业本期经营性应付项目的增加(减:减少)。本项目可根据资产负债表中,有关经营性应付项目的期初、期末余额的差额分析填列。

净利润经调节后计算得出的经营活动产生的现金流量净额,应与主表该项数额相符。

(2)"不涉及现金收支的投资和筹资活动"部分,其各项目应根据有关负债账户的记录分析填列。

(3)"现金及现金等价物净增加情况"部分,应根据资产负债表有关项目增、减变动情况分析计算填列,并应与主表该项数额相符。

5. 现金流量表的简易编制方法——凭证法

对于现金流量表的编制可以根据企业业务量的大小及复杂程度,采用工作底稿法、T形账户法、台账法;也可采用分析填列法,对于业务不多的企业,可以直接采用凭证法编制。

(一)凭证法的编制方法

凭证法是以记账凭证为编表数据来源,通过将记账凭证划分为若干类别,从而直接反映现金收入现金支出的一种现金流量表编制方法。凭证法的步骤为:

1. 先逐月编制月度现金流量表,最后累积生成年度现金流量表。

2. 识别现金流量表包含的现金类会计科目。

属于现金流量表应该包含的会计科目目包括:(1)现金;(2)银行存款;(3)其他货币资金;(4)备用金;(5)短期有价证券。需要说明的是,短期有价证券。是指从购买之日起3个月内到期的各种有价证券。备用金,系指企业员工外出公务所借支的备用金,因尚示形成经营活动支出,故仍属企业的货币资金范畴。其余科目都是非现金类科目,不是现金流量表应当反映的内容。

3. 将所有的记账凭证按上述标准划分为3类:

(1) 双金类凭证,记账凭证的借贷双方都是现金类科目。如:借:银行存款 3 000 贷:库存现金 3 000

(2) 双非类凭证,记账凭证的借贷双方都不是现金类科目。如:借:应收账款 30 000 贷:其他业务收入 30 000

(3) 单金类凭证,记账凭证的借贷双方只有一方是现金类科目。如:借:银行存款 10 000 贷:营业外收入 10 000

只有单金类凭证所记录的金额应当,而且必须全部列示于现金流量表的某一行次内,不重不漏。双金类、双非类凭证所记录的金额都无需在现金流量表上反映。

对于单金类凭证,如果借记现金类科目,贷记非现金类科目,该凭证的金额为现金流入。如果是借记非现金类科目,贷记现金类科目,此类凭证的金额属于现金流出。

4. 根据现金流量表个项目反应的内容,将上述单金类凭证的金额列入恰当的行次。

(二) 数据核对

当月全部单金类凭证不重不漏全部过入现金流量表,计算出当月现金流量,并将当月现金类科目期初余额,当月现金科目期末余额分别过入表内。

如果有: 现金类科目期初余额＋当月现金净流量
＝现金类科目期末余额

全部数据符合上述公式,表明编表成功。若有差额应逐一检查每一张凭证,或现金类科目期初、期末余额。

七、会计凭证的装订

装订就是将当月的全部会计凭证分成厚薄基本相同的几本,分别装订成册的工作。装订时,要注意不能把几张一份的记账凭证拆开装订在两册之中,不能把文字和数字装订得看不清,要做到既美观大方,又便于翻阅。

(1) 整理。先集中本月份的全部记账凭证(含附件),并按其编号排列成序,检查一下有无漏号,以防丢失。经过整理后的顺序为:第一次科目汇总表附在会计凭证封面之后,会计凭证之前;第二次科目汇总表应放在16号记账凭证之前;本月份仅供参考的银行对账单和银行存款余额调节表应放在最后。

(2) 加工。将用于固定附件的大头针取下,并将记账凭证、附件、封面等全部向左、上两方对齐,封面包好凭证后,用大铁夹将其固定。

(3) 装订:

1) 用铅笔在加工整理好的封面左上角划一条斜线,并在斜线上用三点将斜线分为四个部分,由此三点按垂直和水平方向各引出两条线,共有三个交叉点,将三个交叉点定为装订孔的位置,并打好孔。

2) 用线穿孔扎紧,在凭证反面打上死结,并保留少许线头,然后将封口纸粘在线头上面。在封口纸与封面相交之处,盖上装订者的私章。

3) 填写凭证封面。

第三节 教 学 建 议

一、应准备的实验用品

序 号	名 称	耗用量
1	记账凭证	120张
2	凭证包角	2个
3	凭证封面	2对
4	三栏式明细账	50张
5	数量金额式明细账	10张

续表

序号	名称	耗用量
6	多栏式明细账(借方多栏和贷方多栏各半)	10张
7	材料成本差异明细账	5张
8	材料采购明细账	5张
9	总分类账(三栏式)	1本
10	科目汇总表	4张
11	账簿封面	4对
12	订账铁夹	1副
13	账页封面	3对

二、课时建议

序号	实验内容	课时数
1	毕业作业总体要求	4
2	开设账户,并登记期初余额	4
3	日常会计核算的实习	48
4	报表的编制	16
5	财务状况说明书	10
6	财经职业道德学习	8
合计		90

第四章 财务情况说明书

一、一般内容

财务情况说明书是以文字形式对一定时期内(年度内)企业财务状况加以解释说明的书面报告。编制财务情况说明书的要求及篇幅,可根据本校学生实际情况及课时安排而定,但编写的内容,一般包括以下几个方面。

(1)企业生产经营的基本情况。包括企业产品的生产、销售数量,产品的品种结构及其他有关数据的说明,并可与计划数或上期数进行比较。

(2)企业获利能力分析。资本结构的变动,以及毛利率、净利率、所有者权益报酬率、资产报酬率。

(3)企业资金营运和偿债能力分析。包括应收账款周转率、存货周转率、应付账款周转率、资产负债率、流动比率、速动比率、现金比率、等指标的计算、评价及分析,结合年初数进行。

(4)对本期或下期财务状况发生重大影响的事项的说明。

(5)会计核算方法的变更情况的说明。

(6)对企业生产经营情况的建议。

二、常见指标及分析

(一)偿债能力分析

1. 短期偿债能力分析

短期偿债能力,就是企业以流动资产偿还流动负债的能力,它反映

第四章 财务情况说明书

企业偿付日常到期债务的实力。企业能否及时偿付到期的流动负债,是反映企业财务状况的重要标志,财务人员必须十分重视短期债务的偿还能力,维护企业的良好信誉。反映企业短期偿还债能力的财务指标主要有:① 流动比率;② 速动比率;③ 现金比率。

(1) 流动比率。

流动比率是流动资产与流动负债的比率,它表明企业每一元流动负债有多少流动资产作为偿还的保证,反映企业用可在短期内转变为现金的流动资产偿还到期流动负债的能力。其计算公式为

流动比率＝流动资产÷流动负债

一般情况下,流动比率越高,反映企业短期偿债能力越强,债权人的权益越有保证。流动比率高,不仅反映企业拥有的营运资金多,可用以抵偿债务,而且表明企业可以变现的资产数额大,债权人遭受损失的风险小。按照西方企业的长期经验,一般认为1～2的比例比较适宜。它表明企业财务状况稳定可靠,除了满足日常生产经营的流动资金需要外,还有足够的财力偿付到期短期债务。如果比例过低,则表示企业可能捉襟见肘,难以如期偿还债务。但是,流动比率也不能过高,过高则表明企业流动资产占用较多,会影响资金的使用效率和企业的获利能力。流动比率过高还可能是由于应收账款占用过多,在产品、产成品呆滞、积压的结果。因此,在分析流动比率时,还需注意流动资产的结构、流动资产的周转状况、流动负债的数量与结构等情况。

(2) 速动比率。

速动比率是企业速动资产与流动负债的比率。速动资产包括货币资金、短期投资、应收票据、应收账款、其他应收款项等的流动资产,存货、预付账款、待摊费用等则不应计入。这一比率用以衡量企业流动资产中可以用于立即偿付流动负债的财力。

计算速动资产时,之所以要扣除存货,是因为存货是流动资产中变现较慢的部分,它通常要经过产品的售出和账款的收回两个过程才可

变为现金,存货中还可能包括不适销对路从而难以变现的产品。至于预付账款,它们只能减少企业未来时期的现金付出,却不能转变为现金,因此,不应计入速动资产。

速动比率的计算公式为

速动比率＝速动资产÷流动负债

速动资产＝流动资产－存货－预付账款

速动比率可用作流动比率的辅助指标。有时企业流动比率虽然较高,但流动资产中易于变现、可用于立即支付的资产很少,则企业的短期偿债能力仍然较差。因此,速动比率能更准确地反映企业的短期偿债能力。根据经验,一般认为速动比率0.5~1较为合适。它表明企业的每一元短期负债,都有一元易于变现的资产作为抵偿。如果速动比率过低,说明企业的偿债能力存在问题;但如果速动比率过高,则又说明企业因拥有过多的货币性资产,而可能失去一些有利的投资和获利机会。

(3) 现金比率。

速动资产中,流动性最强、可直接用于偿债的资产称为现金资产。现金资产包括货币资金、交易性金融资产等。它们与其他速动资产有区别,其本身就是可以直接偿债的资产。现金比率就是现金资产与流动负债的比值。其计算公式如下:

现金比率＝(货币资金＋交易性金融资产)÷流动负债

该比率反映的是企业的即刻变现能力,以它来衡量企业的短期偿债能力更为稳健。

2. 长期偿债能力

分析长期负债偿还能力的目的,在于预测企业有无足够的能力偿还长期负债的本金和利息。然而,在分析长期偿债能力时,必须同时考虑短期偿债能力。这是因为,一个企业短期偿债能力出现问题时,对长期债务的清偿也必然受到影响。因此,在计算反映长期偿债能力的比率时,也把短期负债包括在负债总额之内,实际上,是评估企业的整体偿债能力。反映企业长期偿还债能力的财务指标主要有:① 资产负债率;② 产权比率;③ 利息保障倍数。

(1) 资产负债率。

资产负债率是负债总额对资产总额之比。其计算公式为

资产负债率＝负债总额÷资产总额

资产负债率反映了在企业总资产中,由债权人提供的资金比重。这个比率越小,说明企业资产中债权人有要求权的部分越小,由所有者提供的部分就越大,资产对债权人的保障程度就越高;反之,资产负债率越高,债权的保障程度越低,债权人面临的风险也越大。根据经验,资产负债率一般在75%以下才能说明企业的资产负债的情况正常。

(2) 产权比率。

产权比率是指负债总额与所有者权益的比率,是企业财务结构稳健与否的重要标志。其计算公式为

产权比率＝负债总额÷所有者权益总额

它反映企业所有者对债权人权益的保障程度。这一比率越低,表明企业的长期偿债能力越强,债权人权益的保障程度越高,承担的风险越小,但企业不能充分地发挥负债的财务杠杆效应。该比率与资产负债率的区别是:资产负债率侧重于分析债务偿付安全性的物质保障程度;产权比率侧重于揭示财务结构的稳健程度,以及自有资金对偿债风险的承受能力。

(3) 利息保障倍数。

利息保障倍数亦称已获利息倍数,是指企业生产经营所获得的息税前利润与利息费用的比率。它是衡量企业偿付负债利息能力的指标。企业生产经营所获得的息税前利润对于利息费用的倍数越多,说

明企业支付利息费用的能力越强。因此,债权人要分析利息保障倍数指标,以衡量债权的安全程度。企业利润总额加利息费用为息税前利润,因此利息保障倍数可按以下公式计算,即

利息保障倍数=(利润总额+利息费用)÷利息费用

究竟企业已获息税前利润应是利息费用的多少倍,才算偿付利息能力强,这要根据往年经验结合行业特点来判断。

(二) 营运能力分析

营运能力是指通过企业生产经营资金周转速度的有关指标所反映出来的企业资金利用的效率,它表明企业管理人员经营管理、运用资金的能力。企业生产经营资金周转的速度越快,表明企业资金利用的效果越好、效率越高,企业管理人员的经营能力越强。

反映企业营运能力的财务指标主要有:① 应收账款周转率;② 存货周转率;③ 资产周转率。

1. 应收账款周转率

应收账款周转率是企业赊销收入净额与应收账款平均余额之比。其计算公式为

应收账款周转率=赊销收入净额÷应收账款平均余额

应收账款周转期=365÷应收账款周转率

上式中,应收账款额取自于资产负债表,同样是根据期初、期末余额的平均数计算。赊销收入净额是指企业一定时期全部销售收入扣除了现销,以及销货退回、销货折扣和折让以后的净额。本实验中,赊销收入净额指标,可用营业收入代替。

应收账款周转率反映了企业应收账款变现速度的快慢及管理效率的高低。该比率高表明:收账迅速,账龄较短;资产流动性强,短期偿债能力强;可以减少收账费用和坏账损失,从而相对增加企业流动资产的投资收益。

2. 存货周转率

存货周转率是用一定时期企业的销货成本与存货平均占用额之比来计算,可分别计算一定时期存货周转率及周转天数。其计算公式为

存货周转率(次数)＝一定时期销货成本÷该时期平均存货

存货周转期＝365÷存货周转率

上式中,存货数据取自于资产负债表,由期初、期末平均计算求得。本实验中,销货成本可以利润表中的"营业成本"代替。一般认为,存货周转率反映了企业的销售状况及存货资金占用状况。在正常情况下,存货周转率越高,相应的周转天数越少,说明存货资金周转快,相应的利润率也就越高。存货周转快慢,不仅和生产有关,而且与采购、销售都有一定联系。所以,它综合反映了企业供、产、销的管理水平。

3. 资产周转率

资产周转率是企业销售收入净额与资产总额的比率。其计算公式为

资产周转率＝销售收入净额÷资产平均占用额

公式中资产平均占用额应按分析期的不同分别加以确定,并应当与分子的销售收入净额在时间上保持一致。在一年中,一般以年初额加年末额除以2来计算。

这一比率用来分析企业全部资产的使用效率。如果该比率较低,说明企业利用全部资产进行经营的效率较差,最终会影响企业的盈利能力。

（三）营运资本周期

营运资本周期的计算公式为

营运资本周期＝应收账款周转期＋存货周转期－应付账款周转期

（四）获利能力分析

获利能力是指企业获取利润的能力。利润是企业内外有关各

方都关心的中心问题。它是投资者取得投资收益、债权人收取本息资金的来源,是经营者经营业绩和管理效能的集中表现,也是职工集体福利设施不断完善的重要保障。因此,企业盈利能力分析十分重要。

反映企业盈利能力的财务指标主要有:① 营业利润率;② 成本费用利润率;③ 总资产利润率;④ 净资产报酬率;⑤ 资本利润率

1. 营业利润率

营业利润率是企业一定时期营业利润与销售收入的比率。其计算公式为

$$营业利润率 = 营业利润 \div 营业收入$$

营业利润率越高,表明企业市场竞争力越强,发展潜力越大,从而获利能力越强。

实务中,也可用销售净利率、销售毛利率等指标来分析企业经营业务的获利水平。这些比率越大,表明企业经营成果越好。

$$销售净利率 = 净利润 \div 营业收入$$

2. 成本费用利润率

成本费用利润率是指利润与成本费用的比率。其计算公式为

$$成本费用利润率 = 利润总额 \div 成本费用总额$$

其中

$$成本费用总额 = 营业成本 + 营业税金及附加$$
$$+ 销售费用 + 管理费用 + 财务费用$$

该比率反映的是企业生产经营过程中发生的耗费与获得的收益之间关系的指标。该比率越高,表明企业耗费所取得的收益越高。这是一个能直接反映增收节支、增产节约效益的指标。企业生产销售的增加和费用开支的节约,都能使这一比率提高。

3. 资产利润率

资产利润率是企业利润总额与企业资产平均占用额的比率。它是反映企业资产综合利用效果的指标,也是衡量企业利用权债总额所取得盈利的重要指标。其计算公式为

资产利润率=利润总额÷资产平均占用额

这一指标可进一步扩展为

资产利润率=销售利润率×资产周转率

该比率越高,表明企业的资产利用效益越好,整个企业盈利能力越强,经营管理水平越高。

4. 净资产报酬率

净资产报酬率是税后利润与平均所有者权益的比率,是反映自有资金投资收益水平的指标。其计算公式为

所有者权益报酬率=税后利润÷所有者权益平均总额

企业从事经营活动的最终目的是实现所有者财富最大化,从静态角度来讲,首先就是最大限度地提高自有资金利润率。因此,该比率是企业盈利能力比率的核心,而且也是整个财务指挥体系的核心。

5. 资本利润率

资本利润率是指税后利润与实收资本的比值。其计算公式为

资本利润率=税后利润÷平均实收资本(股本)

该指标主要揭示企业所有者投入资本的获利水平。由于所有者的获利只能来自税后利润,所以这里的获利水平是税后利润的获利水平。该比率越大越好,反映企业从投入资本金上取得利润的获得能力也越大。

(五)现金流量的结构分析

现金流量的结构分析就是在现金流量表有关数据的基础上,进一

步明确现金收入的构成、现金支出的构成及现金余额是如何形成的。

现金流量的结构分析可以分为现金收入结构、现金支出结构和现金余额结构三个方面。

现金收入结构分析是反映企业各项业务活动的现金收入,如经营活动的现金收入、投资活动的现金收入、筹资活动的现金收入等在全部现金收入中的比重,以及各项业务活动现金收入中具体项目的构成情况。它明确企业的现金究竟来自何方,要增加现金流入主要应在哪些方面采取措施等。

现金支出结构分析是指企业的各项现金支出占企业当期全部现金支出的百分比。它具体地反映企业的现金用在哪些方面。

现金余额结构是指企业的各项业务,包括经营活动、投资活动、筹资活动,其现金收支净额占全部现金余额的百分比。它反映企业的现金余额是如何形成的。

第五章 会计人员职业道德案例分析

第一节 会计人员职业道德规范

第一条 会计人员在会计工作中应当遵守职业道德,树立良好的职业品质、严谨的工作作风,严守工作纪律,努力提高工作效率和工作质量。

第二条 会计人员应当热爱本职工作,努力钻研业务,使自己的知识和技能适应所从事工作的要求。

第三条 会计人员应当熟悉财经法律、法规、规章和国家统一会计制度,并结合会计工作进行广泛宣传。

第四条 会计人员应当按照会计法律、法规和国家统一会计制度规定的程序和要求进行会计工作,保证所提供的会计信息合法、真实、准确、及时、完整。

第五条 会计人员办理会计事务应当实事求是、客观公正。

第六条 会计人员应当熟悉本单位的生产经营和业务管理情况,运用掌握的会计信息和会计方法,为改善单位内部管理、提高经济效益服务。

第七条 会计人员应当保守本单位的商业秘密。除法律规定和单位领导人同意外,不能私自向外界提供或者泄露单位的会计信息。

第八条 财政部门、业务主管部门和各单位应当定期检查会计人员遵守职业道德的情况,并作为会计人员晋升、晋级、聘任专业职务、表彰奖励的重要考核依据。

第二节 案例分析

在大华公司本年度的财务工作中,发生了下列事项,请按照提示分析每一个案例中的情形。

【案例一】

伍爱利是大华塑具股份有限公司的财务主管。她的私人朋友希望她悄悄把公司的钱投资到自己公司,并声称,自己的公司周转很快,最多只用半年时间,到时候可连本带利还给公司,她自己也能赚几万元。

分析要求:

(1) 伍爱利应该怎么做?
(2) 听信朋友的建议可能会有哪些后果?
(3) 伍爱利可不可以私自开出票据给她的朋友?为什么?
(4) 公司的财务控制应该如何管理才能避免一人开出支票?
(5) 这一事件给了你哪些启示与感想?

【案例二】

游德立是大华塑具股份有限公司的会计。他外表木讷朴实、内里秀慧多计,深得同事们信任。经审计2006年账目发现,他利用往来账户侵吞单位处理固定资产的收入 20,000 元。

分析要求:

(1) 游会计的行为违反了职业道德的哪些条款?

(2) 与固定资产处理相关的会计处理、会计制度有哪些?
(3) 法律、法规中,关于单位内部的会计工作管理有哪些规定?
(4) 如果新任会计主管来交接游会计的工作,需要办理哪些手续?
(5) 这一事件的后果是什么?
(6) 你有什么感想?

【案例三】

大华塑具股份有限公司是国有控股企业。李弘达是公司总经理。审计师对公司2006年的财务报表进行了审计,并出具了无保留意见的审计报告。不久,检察机关接到举报,有人反映李经理与财务经理勾结,侵吞国家财产。为此,检察机关传讯了李经理。李经理到了检察机关后,辩解道:"会计师事务所已出具了审计报告,证明我没有经济问题。如果不信,你们可以去问注册会计师。"

分析要求:
(1) 李经理的话是否有道理,如果有错,错在哪里?
(2) 如果你是那家会计师事务所的负责人,你将如何回答这一问题?
(3) 谁应当对单位的财务报告资料的真实性负责?
(4) 如果公司财务经理是总经理的女儿,这样的安排可以吗?为什么?
(5) 这一事件给你什么启示?

【案例四】

2007年,在对大华塑具股份有限公司以前年度财务报表的全面审计中发现,公司会计主管和出纳联手,通过涂改支出凭证和奖金、加班费发放单,以及用假发票等手法侵吞资金。2006年,会计将支付给某房屋装潢公司的工程款3万元涂改成8万元(发票和支票存根都涂改,把收据上大写的叁字撕破),虚列支出5万元。2005年,记了一笔待摊费用,却没有任何原始凭证,此笔现金又落入他们的腰包。同时,有大量的没有经办人员和领导审批的非法支出入账,主要是就餐费发票,共有31笔近10万元。

分析要求:
(1) 对会计人员的教育应当包含哪些内容?
(2) 对出纳工作和出纳人员的任职要求有哪些?
(3) 单位内部的财务工作管理有哪些方面?
(4) 上述案件违反了哪些法律、法规?
(5) 这一案件给你的启示是什么?

【案例五】

2007年12月,在对大华塑具股份有限公司的全面审计中发现,公司账外设账,私设小金库,金额为10万元;并将下属公司破产清算收入转移到总经理的私人账户,金额达34万元。

分析要求:
(1) 银行账户管理有哪些规定?
(2) 账外设账违反了哪些法律、法规的规定?
(3) 会计人员在单位内部会计监督中的职权有哪些?
(4) 单位内部会计监督制度的基本要求有哪些?
(5) 这一事件给你的启示是什么?

【案例六】

2007年度,对大华塑具股份有限公司2006年度报表进行审计时,发现其期初余额"其他应收款":"李弘达",期末贷方余额8.2万元。后经发现,李弘达向财务科借备用金,此后以垫支现金购买材料、报销各种费用为由冲账,还有部分款项未支付,从而形成了期末的贷方余额;

第五章 会计人员职业道德案例分析

付款时均以现金支付;差旅费凭证无附件;部分发票不规范。

分析要求:
(1) 记账凭证的要求是什么?
(2) 原始凭证的要求是什么?
(3) 发票的填写有哪些规范要求?
(4) 如何按《现金管理暂行条例》规定的现金使用范围规范使用现金?
(5) 你有哪些感想或启示?

【案例七】

公司为了增强自身在竞争中的凝聚力与生命力,准备提高工人工资水平,增强内部员工生产的积极性与主动性。但在如何提高工人工资,即采取何种方式提高工人工资水平上,领导之间出现了意见分歧。一种观点认为,可以采取直接增加工资的方式;另一种观点认为,直接增加工资的方式不可取,因为个人工资水平的提高,个人所得税交纳额也就相应增大,所以现金增加的方式不一定有利于工人生活消费水平的有效提高,他们认为可以采取实物分配的方式,如为工龄达到一定年数的职工购买小汽车,这样对个人、企业双方都有好处,是一个"双赢"的方式。那么,究竟该公司应选择哪种方式?

分析要求:
(1) 个人所得税税法关于薪金所得纳税范围的规定有哪些?
(2) 企业购买小汽车然后赠送给职工,要不要纳个人所得税?为什么?
(3) 企业购买小汽车供职工使用,要不要纳个人所得税?对所得税有影响吗?为什么?
(4) 个人所得税和企业所得税的纳税征管有什么不同?

(5) 结合财经职业道德,谈一下对企业税务工作的认识。

【案例八】

2007年12月31日,大华塑具股份有限公司为了保证及时供货,经与客户商定由宏远公司使用自有的车辆运送该商品至客户,宏远公司除收取货款30万元以外,另收取了运输费9万元。宏远公司会计部在纳税申报时,将商品销售额作为计算增值税的销售额,将收取的运输费作为计算营业税的营业额,分别计算报税。

公司决定向边远地区农村义务教育事业捐款,在讨论捐款方式时,有人认为应当将捐款直接送到农村中小学学生手中,有人认为还是通过教育主管部门捐赠比较合适。鉴于分歧较大,公司决定由会计部拟订有利于公司的捐赠方案。

分析要求:
(1) 简述增值税混合销售和兼营业务的区别。
(2) 简述增值税的发票管理规定。
(3) 判断公司将销售款和运输费分别申报增值税和营业税的做法,是否符合税法有关规定,并简要说明理由。
(4) 从企业所得税有关规定的角度分析、判断哪一种捐款意见更有利于企业,并简要说明理由。
(5) 简述所得税的税收征管。
(6) 请你谈一谈对纳税义务的认识和感想。

第三节 学习指南

如果想对会计法规及财经职业道德的内容进行深入了解。因特网是自学的理想工具。

第五章　会计人员职业道德案例分析

财政部是会计制度的制定和颁布者,在财政部的网站上可以查到所有的会计制度。其网站是:http://www.mof.gov.cn/。

会计准则委员会是专门制定会计准则的机构,在其网站 http://www.casc.gov.cn 上有关于准则的最新讨论。

上海市关于会计工作和会计人员管理的权威官方网站是上海财税网 http://www.csj.sh.gov.cn,在这个网站上有大量财会、税收以及会计职业资格、职称考试的最新消息。

上海电视大学专门为大家设置了财会世界网站,里面集中了大家感兴趣的许多话题,主页是 http://www2.shtvu.edu.cn/caikuai/。

当然还有很多很好的站点,期待大家通过网上冲浪去发现。

附件

附件1

中国工商银行现金进账(交款)单　（银行现金收入凭证）

年　月　日　字第　号　　No:

收款单位	全称			交款部门	全称	
	开户银行		账号		经手人签章	
款项来源				现金计划项目		
人民币（大写）					千百十万千百十元角分	

券别记录	100元券__张 2元券__张 1角券__张 50元券__张 1元券__张 5分券__张(枚) 10元券__张 5角券__张 2分券__张(枚) 5元券__张 2角券__张 1分券__张(枚)	其中整把券共___把___元	会计分录： (贷)___ 对方科目(借)101现金 会计记账员(章)；出纳收款员(章)； 复核员(章)　复核员(章)： 　　　　　　　　　年 月 日

第三联：由经收银行盖章后退回单位

附件2

××××××××××　　四川省增值税专用发票　抵扣联　　No:

开票日期：　年　月　日

购货单位	名　称：上海大华塑具股份有限公司	密码区	
	纳税人识别号：310115123456789		
	地　址、电话：上海市胜利路100号(69786520)		
	开户行及账号：工行上海市分行杨浦支行888888		

货物或应税劳务名称	规格型号	单位	数量	单价	金　额	税率	税　额
甲材料		千克	2,000	90.—	180,000.00	17%	30,600.00
合　计					￥180,000.00		￥30,600.00
价税合计(大写)	贰拾壹万零陆佰元整				(小写)￥210,600.—		

销货单位	名　称：清江市物资公司	备注	四川省清江市物资公司 发票专用章
	纳税人识别号：360100123456789		
	地　址、电话：清江市顺利路100号(4357692)		
	开户行及账号：清江工行顺利分理处222333		

收款人：谢玉　　复核：赵磊　　开票人：程辉　　销货单位：

第二联：抵扣联　购货方扣税凭证

附件 3

四川省增值税专用发票
发票联
××××××××× 国家税务局监制 No:

开票日期： 年 月 日

购货单位	名　　　称：上海大华塑具股份有限公司 纳税人识别号：310115123456789 地址、电话：上海市胜利路 100 号(69786520) 开户行及账号：工行上海市分行杨浦支行 888888	密码区	
货物或应税劳务名称	规格型号	单位	数量	单价	金　额	税率	税额
甲材料		千克	2,000	90.—	180,000.00	17%	30,600.00
合　计					¥180,000.00		¥30,600.00
价税合计(大写)	贰拾壹万零陆佰元整				(小写)¥210,600.—		
销货单位	名　　　称：清江市物资公司 纳税人识别号：360100123456789 地址、电话：清江市顺利路 100 号(4357692) 开户行及账号：清江工行顺利路分理处 222333	备注	四川省清江市物资公司 发票专用章

收款人：谢玉　　复核：赵磊　　开票人：程辉　　销货单位：

附件 4

中国工商银行　电汇凭证(回　单)　1

委托日期　年　月　日　　　字　第　号

汇款人	全　称				收款人	全　称			
	账号或住址					账号或住址			
	汇出地点	省	市县	汇出行名称		汇入地点	省	市县	汇入行名称

人民币(大写)		千	百	十	万	千	百	十	元	角	分

汇款用途：

上列款项已根据委托办理；如需查询，请持此回单来行面洽。

汇出行盖章

单位主管　　会计　　复核　　记账　　　　　　　　年　月　日

附件5

四川省增值税专用发票
抵扣联

××××××××× No:

开票日期: 年   月   日

购货单位	名　称: 上海大华塑具股份有限公司 纳税人识别号: 310115123456789 地址、电话: 上海市胜利路 100 号(69786520) 开户行及账号: 工行上海市分行杨浦支行 888888	密码区			
货物或应税劳务名称	规格型号	单 位	数 量	单 价	金　额	税率	税　额
乙材料		千克	800	220.—	176,000.00	17%	29,920.00
合　计					￥176,000.00		￥29,920.00
价税合计(大写)	贰拾万伍仟玖佰贰拾元整				(小写)￥205,920.—		
销货单位	名　称: 清江市贸易公司 纳税人识别号: 360100123456789 地址、电话: 清江市顺利路 200 号(4357872) 开户行及账号: 清江工行顺利路分理处 222446	备注			

收款人: 杜莉　　复核: 程成　　开票人: 张皓　　销货单:

附件6

四川省增值税专用发票
发票联

××××××××× No:

开票日期: 年 12 月 2 日

购货单位	名　称: 上海大华塑具股份有限公司 纳税人识别号: 310115123456789 地址、电话: 上海市胜利路 100 号(69786520) 开户行及账号: 工行上海市分行杨浦支行 888888	密码区			
货物或应税劳务名称	规格型号	单 位	数 量	单 价	金　额	税率	税　额
乙材料		千克	800	220.—	176,000.00	17%	29,920.00
合　计					￥176,000.00		￥29,920.00
价税合计(大写)	贰拾万伍仟玖佰贰拾元整				(小写)￥205,920		
销货单位	名　称: 清江市贸易公司 纳税人识别号: 360100123456789 地址、电话: 清江市顺利路 200 号(4357872) 开户行及账号: 清江工行顺利路分理处 222446	备注			

收款人: 杜莉　　复核: 程成　　开票人: 张皓　　销货单:

附件 7

全国联运行业货运统一发票
发 票 联

开票日期 2004 年 11 月 28 日　　　　发票代码 251000410009
　　　　　　　　　　　　　　　　　　发票号码 00001005

机打代码　251000410009 机打号码　00001005 机器编号	密码区	运输费用 项目及金额		其他费用 项目及金额	
发货人名称	四川清江市物资公司、清江市贸易公司	一、自备运输工具运输		仓储费	0.00
纳税人识别号	360100123456789	1 公路运费	840.00	包装整理费	0.00
收货人名称	上海大华塑具股份有限公司	2 水路运费		装卸费	0.00
纳税人识别号	310115123456789			业务费	0.00
发货站(港)　到站(港)　经由　中转 　清江　　　上海				票签费 小计 包干费	0.00 0.00 0.00
货物名称　件数　　计费重量　包装 　材料　　40　　　2,800　　　箱		二、代付运费 1 铁路运费　0.00 2 公路运费 3 水路运费 4 航空运费　0.00 小计　　840.00		垫付费用 项目及金额 保险费　0.00 邮寄费　0.00 小计　　0.00	
合计人民币(大写)　捌佰肆拾元整		￥840.00			
承运人名称　清江市运输公司 纳税人识别号　516100201900273		主管税务机关 及代码		29000402	
开票单位盖章	开票人：胡民为	收款人：胡民为		手写无效	

第三联：发票联　付款方记账凭证

附件 8

全国联运行业货运统一发票
抵 扣 联

开票日期　　年　月　日　　　　　　发票代码 251000410109
　　　　　　　　　　　　　　　　　　发票号码 00001005

机打代码　251000410009 机打号码　00001005 机器编号	密码区	运输费用 项目及金额		其他费用 项目及金额	
发货人名称	四川清江市物资公司、清江市贸易公司	一、自备运输工具运输		仓储费	0.00
纳税人识别号	360100123456789	1 公路运费	840.00	包装整理费	0.00
收货人名称	上海大华塑具股份有限公司	2 水路运费		装卸费	0.00
纳税人识别号	310115123456789			业务费	0.00
发货站(港)　到站(港)　经由　中转 　清江　　　上海				票签费 小计 包干费	0.00 0.00 0.00
货物名称　件数　　计费重量　包装 　材料　　40　　　2,800　　　箱		二、代付运费 1 铁路运费　0.00 2 公路运费 3 水路运费 4 航空运费　0.00 小计　　840.00		垫付费用 项目及金额 保险费　0.00 邮寄费　0.00 小计　　0.00	
合计人民币(大写)　捌佰肆拾元整		￥840.00			
承运人名称　清江市运输公司 纳税人识别号　516100201900273		主管税务机关 及代码		29000402	
开票单位盖章	开票人：胡民为	收款人：胡民为		手写无效	

第二联：抵扣联　付款方留存

附件

附件 9

上海大华塑具股份有限公司材料物资入库单

年 月 日　　编号 10001

交来单位及部门	张小民	发票号码或生产单号码		验收仓库	赵军			
名称及规格	单位	数量		实际价格			计划价格		成本差异
		交库	实收	单价	金额	运杂费	合计	单价	金额	
合 计										

三、记账联

附件 10

银行承兑协议　1

编号：_____

银行承兑汇票的内容：

付款人全称_____ 收款人全称_____

开户银行_____ 开户银行_____

账　　号_____ 账　　号_____

汇票号码_____ 汇票号码(大写)_____

签发日期____年____月____日 到期日期____年____月____日

以上汇票经承兑银行承兑，承兑申请人(下称申请人)愿遵守《银行结算办法》的规定及下列条款：

一、申请人于汇票到期日前将应付票款足额交存承兑银行。

二、承兑手续费按票面金额千分之(　)计算，在银行承兑时一次付清。

三、承兑汇票如发生任何交易纠纷，均由收付双方自行处理，票款于到期前仍按第一条办理不误。

四、承兑汇票到期日，承兑银行凭票无条件支付票款。如到期日之前申请人不能足额交付票款时，承兑银行对不足支付部分的票款作承兑申请人逾期贷款，并按照有关规定计收息日。

五、承兑汇票款付清后，本协议始自动失效。

本协议第一、二联分别由承兑银行信贷部门和承兑申请人存执，协议副本由银行会计部门存查。

承兑银行_____(盖章) 承兑申请人_____(盖章)

订立承兑协议日期_____年____月____日

注：本协议共印三联。在"银行承兑协议"之后，第二联加印2，第三联加印(副本)字样。

附件 11

中国工商银行上海市分行特种转账传票

年 月 日　　字　号

收款单位	全称	上海市分行		汇款单位	全称	上海大华塑具股份有限公司		
	开户银行		账号		开户银行	杨浦支行	账号	888888

人民币(大写)肆佰元整	千 百 十 万 千 百 十 元 角 分
	￥　　　　4 0 0 0 0

用途：手续费

款项已划转收款单位

备注：中国工商银行上海市分行 杨浦支行 转讫

第三联：付款通知

附件 12

银行承兑汇票(存根)　4

签发日期　年　月　日　　汇票号码 第　号

承兑申请人	全称			收款人	全称		
	账号				账号		
	开户银行		行号		开户银行		行号

汇票金额	人民币(大写)	千 百 十 万 千 百 十 元 角 分

汇票到期日	年　月　日

承兑协议编号　　　　交易合同号码

中国工商银行上海市分行 杨浦支行 转讫

备　注：

负责　　经办

此联签发人存查

附件 13

银行承兑汇票 2

签发日期 年 月 日　　　　汇票号码 第 号

承兑申请人	全称		收款人	全称									
	账号			账号									
	开户银行	行号		开户银行		行号							

汇票金额	人民币（大写）	千	百	十	万	千	百	十	元	角	分

汇票到期日	年 月 日

本汇票请你行承兑，并确认（银行结算办法）和承兑协议的各项规定。 此致 　承兑银行 　　　承兑申请人盖章 年 月 日	承兑协议编号	交易合同号码 科目（借）＿＿＿ 对方科目（贷）＿＿＿
本汇票经本行承兑，到期日由本行付交。 　　承兑银行盖章 　　　　年 月 日	汇票签发人签章 负责　　经办	转账　　年 月 日 复核　　记账

（中国工商银行上海市分行 杨浦支行 转讫）

此联收款人开户银行向承兑行收取票款时作联行凭证

附件 13 背面

注 意 事 项

一、收款人必须将本汇票和解讫通知同时提交开户银行，两者缺一无效。

二、本汇票经背书可以转让。

被背书人	被背书人	被背书人
背书	背书	背书
日期　年 月 日	日期　年 月 日	日期　年 月 日

附件 75

附件 14

银行承兑汇票（解讫通知） 3

签发日期　年　月　日　　　汇票号码第　号

承兑申请人	全称		收款人	全称		
	账号			账号		
	开户银行	行号		开户银行		行号

汇票金额	人民币（大写）			千百十万千百十元角分			承兑行作借方凭证附件
汇票到期日	年　月　日						
收款人开户银行盖章 复核　　会计		承兑协议编号		合同号码			
		汇票签发人签章 负责　　经办					
备注：							

（印章：中国工商银行上海市分行 杨浦交行 转讫）

附件 15

借 款 单

2004 年 12 月 1 日

部 门	供应科	姓名	张 明	借款用途	采购材料	
借款金额	人民币(大写)贰仟元整（￥2,000.00）					记账联
实际报销金额	节余金额		负责人审核意见	同意借款。雷明		
	超支金额					
备注				结账日期　年　月　日		

（印章：现金付讫）

财务主管：伍爱利　　会计：游德立　　出纳：文静　　借款人签章：张明

附件 77

附件 16

中国工商银行上海市分行转账支票　　（第一联）

签发日期　年　月　日　　字　号

收款单位	全称		付款单位	全称	上海大华塑具股份有限公司		
	开户银行			开户银行		账号	
		账号					

		千	百	十	万	千	百	十	元	角	分
人民币（大写）贰仟叁佰肆拾元整					¥	2	3	4	0	0	0

此联作付款单位留底

用途：购买木箱

上列款项，已委托开户银行划转收款单位账号

备注：

单位主管　　会计　　复核　　记账

附件 17

上海市增值税专用发票　抵扣联

×××××××××　　　　　　　　　　　　　　　　No:

开票日期：　年　月　日

购货单位	名　称：上海大华塑具股份有限公司	密码区		
	纳税人识别号：310115123456789			
	地址、电话：上海市胜利路100号(69786520)			
	开户行及账号：工行上海市分行杨浦支行 888888			

货物或应税劳务名称	规格型号	单位	数量	单价	金　额	税率	税　额
木箱		个	100	20.—	2,000.00	17%	340.00
合　计					¥2,000.00		¥340.00
价税合计（大写）	贰仟叁佰肆拾元整				(小写)¥2,340.00		

销货单位	名　称：上海市物资公司	备注	（上海市物资公司 发票专用章）
	纳税人识别号：310100123456789		
	地址、电话：上海市北京西路30号(54357838)		
	开户行及账号：工行北京西路分理处 444555		

第二联：抵扣联　购货方扣税凭证

收款人：谢成　　复核：石磊　　开票人：陈辉　　销货单位：

附件18

上海市增值税专用发票

××××××××× 发票联　　　　　　　　No：

开票日期　　年　月　日

购货单位	名　　　称：上海大华塑具股份有限公司 纳税人识别号：310115123456789 地址、电话：上海市胜利路100号(69786520) 开户行及账号：工行上海市分行杨浦支行 888888	密码区			

货物或应税劳务名称	规格型号	单位	数量	单价	金额	税率	税额
木箱		个	100	20.—	2,000.00	17％	340.00
合　计					￥2,000.00		￥340.00
价税合计（大写）	贰仟叁佰肆拾元整				（小写）￥2,340		

销货单位	名　　　称：上海市物资公司 纳税人识别号：310100123456789 地址、电话：上海市北京西路30号(54357838) 开户行及账号：工行北京西路分理处 444555	备注	（上海市物资公司 发票专用章）

收款人：谢成　　复核：石磊　　开票人：陈辉　　销货单位：

附件19

上海大华塑具股份有限公司材料物资入库单

年　月　日　　编号：10002

交来单位及部门			发票号码或生产单号码			验收仓库		
名称及规格	单位	数　量		实　际　价　格			计划价格		成本差异
		交库	实收	单价	金额	运杂费	合计	单价	金额	
合　计										

附件20

中国工商银行上海市分行转账支票　（第一联）

签发日期　年　月　日　　字　号

收款单位	全称		付款单位	全称	上海大华塑具股份有限公司	
	开户银行			开户银行		
	账号			账号	888888	

人民币	千	百	十	万	千	百	十	元	角	分
（大写）捌拾壹万捌仟陆佰元整	¥		8	1	8	6	0	0	0	0

用途：购买设备A

上列款项，已委托开户银行划转收款单位账号

单位主管　　会计　　复核　　记账

第三联：付款通知

附件21

××××××××× 　　　　　　　　　　　No:

开票日期　　年　　月　　日

购货单位	名　　称：上海大华塑具股份有限公司	密码区	
	纳税人识别号：310115123456789		
	地　址、电　话：上海市胜利路100号(69786520)		
	开户行及账号：工行上海市分行杨浦支行888888		

货物或应税劳务名称	规格型号	单位	数量	单价	金额	税率	税额
设备A		台	1	690,000	690,000.00	17%	117,300.00
合　计					¥690,000.00		¥117,300.00

价税合计（大写）　捌拾万柒仟叁佰元整　　　　　（小写）¥807,300.—

销货单位	名　　称：山东机床厂	备注	
	纳税人识别号：370653705821934		
	地　址、电　话：山东济南青云路10号(5435838)		
	开户行及账号：工行青云路分理处3444555		

收款人：张文　　复核：徐鸿　　开票人：成韵　　销货单位：

第二联：抵扣联　购货方扣税凭证

附件 83

附件 22

×××××××××× 山东省增值税专用发票
发票联
No：

开票日期：　年　月　日

购货单位	名　　称：	上海大华塑具股份有限公司				密码区			
	纳税人识别号：	310115123456789							
	地　址、电　话：	上海市胜利路 100 号 (69786520)							
	开户行及账号：	工行上海市分行杨浦支行 888888							

货物或应税劳务名称	规格型号	单位	数量	单价	金　额	税率	税　额
设备A		台	1	690,000	690,000.00	17%	117,300.00
合　计					￥690,000.00		￥117,300.00
价税合计(大写)	捌拾万柒仟叁佰元整				(小写)￥807,300.—		

销货单位	名　　称：	山东机床厂	备注	山东机床厂 发票专用章
	纳税人识别号：	370653705821934		
	地　址、电　话：	山东济南青云路 10 号 (5435838)		
	开户行及账号：	工行青云路分理处 3444555		

收款人：张文　　复核：徐鸿　　开票人：成韵　　销货单位：

附件 23

全国联运行业货运统一发票
发票联
发票代码　251000410009
发票号码　00001005

开票日期　　年　月　日

机打代码 机打号码 机器编号		密码区		
发货人名称	山东机床厂	运输费用	其他费用	
纳税人识别号	516736750912468	项目及金额	项目及金额	
收货人名称	上海大华塑具股份有限公司	一、自备运输工具运输	仓储费　0.00	
纳税人识别号	310115123456789	1 公路运费　11,300.00	包装整理费　0.00	
发货站(港)　到站(港)　经由　中转 济南　　　　上海		2 水路运费　0.00	装卸费　0.00 业务费　0.00 票签费　0.00	
货物名称　件数　计费重量　包装 设备　　　1　　　　　　　箱		二、代付运费 1 铁路运费　0.00 2 公路运费　0.00 3 水路运费　0.00 4 航空运费　0.00 小计　11,300.00	小计　0.00 包干费　0.00 垫付费用 项目及金额 保险费　0.00 邮寄费　0.00 小计　0.00	
合计人民币(大写)　壹万壹仟叁佰元整		￥11,300.00		
承运人名称　山东省运输公司 纳税人识别号　4161020180683		主管税务机关 及代码		

开票单位盖章　　开票人：胡民为　　收款人：胡民为　　手写无效

附件 24

物资类别		

出 库 单
年 月 日

连续号：20001

提货单位或领货部门		发票号码或生产单号码		发出仓库		出库日期		
编号	名称及规格	单位	数量		单价	金额	备注	二、记账联
			要数	实发				
合计								

财会部门
主管　　记账　　发货 张华　　制单 赵燕

附件 25

物资类别		

出 库 单
年 月 日

连续号：20002

提货单位或领货部门		发票号码或生产单号码		发出仓库		出库日期		
编号	名称及规格	单位	数量		单价	金额	备注	二、记账联
			要数	实发				
合计								

财会部门
主管　　记账　　发货 张华　　制单 赵燕

附件 26

出 库 单

年　月　日

连续号：20003

物资类别		

提货单位或领货部门		发票号码或生产单号码		发出仓库	出库日期

编号	名称及规格	单位	数量		单价	金额	备注
			要数	实发			
合计							

二、记账联

财会部门
主管　　　记账　　　发货 张华　　　制单 赵燕

附件 27

上海市增值税专用发票

国家统一发票监制　国家税务总局监制

记账联

×××××××××　　　　　　　　No:

开票日期：　　年　月　日

购货单位	名　称：山湖工厂 纳税人识别号：360135123456710 地　址、电话：江西南昌大连路23号(6456120) 开户行及账号：工行南昌市分行533455	密码区

货物或应税劳务名称	规格型号	单位	数量	单价	金额	税率	税额
合计							

价税合计(大写)	(小写)¥

销货单位	名　称：上海大华塑具股份有限公司 纳税人识别号：310115123456789 地　址、电话：上海市胜利路100号(69786520) 开户行及账号：工行上海市分行杨浦支行888888	备注 上海大华塑具股份有限公司 发票专用章

收款人：　　　复核：　　　开票人：　　　销货单位：

第一联：记账联 销货方记账凭证

附件

89

附件 28

出 库 单

年 月 日

物资类别		

连续号：20004

提货单位或领货部门		发票号码或生产单号码		发出仓库	出库日期	
编号	名称及规格	单位	数量	单价	金额	备注
			要数 / 实发			
合计						

二、记账联

财会部门主管　　记账　　发货 张华　　制单 赵燕

附件 29

××××××××××

记账联

No：

开票日期： 年 月 日

购货单位	名　　称：济南市化工公司	密码区
	纳税人识别号：360135135456710	
	地　址、电　话：济南市城建路56号(6451208)	
	开户行及账号：	

货物或应税劳务名称	规格型号	单位	数量	单价	金额	税率	税额
合计							
价税合计(大写)					(小写)¥		

销货单位	名　　称：上海大华塑具股份有限公司	备注
	纳税人识别号：310115123456789	
	地　址、电　话：上海市胜利路100号(69786520)	
	开户行及账号：工行上海市分行杨浦支行 888888	

收款人：　　复核：　　开票人：　　销货单位：

第三联：记账联 销货方记账凭证

附件 30

固定资产出售通知单
年 月 日

固定资产名称	原价	已提折旧	预计使用年限	已使用年限	出售价格	出售原因
设备A	55,000	30,000	5	2	30,000	不需要
购买单位名称						
批准单位	上海大华塑具股份有限公司 财务专用章		设备负责人 雷明		单位负责人 李弘达	

附件 31

中国工商银行上海市分行转账传票

沪第 号
签发日期 年 月 日 第 号

收款单位	全称		付款单位	全称	青峰化工厂									
	开户银行			开户银行	上海市分行	账号	634215							
	账号													

人民币（大写）叁万元正　　　　　千 百 十 万 千 百 十 元 角 分
￥ 3 0 0 0 0 0 0 0

用途：购货

备注：中国工商银行上海市分行 杨浦支行 转讫

上列款项,已委托开户银行划转收款单位账号

单位主管　　会计　　复核　　记账

此联作收账通知

附件 32

上海市商业销售发票

商零字

| 开户行： |
| 账　号： |

购货单位：上海大华塑具股份有限公司　　　　　　　年　月　日

商品名称	规　格	单位	数　量	单价	金　额							
					万	千	百	十	元	角	分
清理费用					¥	1	0	0	0	0	0
合计人民币(大写) ×万 ×壹仟 ×佰 ×拾 ×元 ×角 ×分					¥1,000.00							

第二联：发票

单位(盖章)：　　　　　　　收款：　　　开票：熊

附件 33

中国工商银行上海市分行转账支票

赣第　号
签发日期　年　月　日　第　号

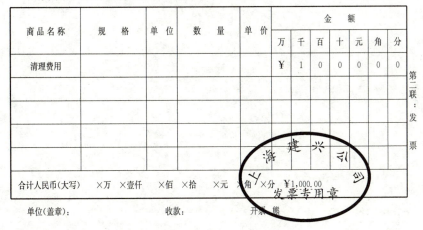

收款单位	全　称		付款单位	全　称	大华塑具股份有限公司	
	开户银行	账号		开户银行		账号

人民币(大写)	千	百	十	万	千	百	十	元	角	分

用途：

中国工商银行上海市分行
杨浦支行
转讫

上列款项，已委托开户银行划转收款单位账号

单位主管　　会计　　复核　　记账

此联作付款单位留底

附件

附件 34

开户行：
账 号：

上海市商业销售发票

商零字

购货单位：上海大华塑具股份有限公司　　　年 月 日

商品名称	规格	单位	数量	单价	金额								
					万	千	百	十	元	角	分
设备A安装费						2	3	4	0	0	0	0
合计人民币(大写)	×贰万	×叁仟	×肆佰	×拾	×元			￥23,400.00

单位(盖章)：第一安装公司　　　收款：　　　开票：上官

第二联：发票

附件 35

中国工商银行上海市分行转账支票　　（第一联）

签发日期　年 月 日　　第　号

收款单位	全 称		付款单位	全 称	
	开户银行			开户银行	
	账号			账号	

人民币(大写)		千	百	十	万	千	百	十	元	角	分
用途：											

中国工商银行上海市分行
杨浦支行
转讫

上列款项，已委托开户银行划转收款单位账号　　备注：

单位主管　　会计　　复核　　记账

此联作付款单位留底

附件 36

上海大华塑具股份有限公司
固定资产验收通知单

计划项目：　　　　　　　　　　　　　　　　　　年　月　日制

名称及规格	单位	数量	总 值 金 额									总值中的安装费							使用年限	预 计 残 值							存放地点
			百	十	万	千	百	十	元	角	分	十	万	千	百	十	元	角	分		万	千	百	十	元	角	分	
附注																												

验收部门　　　　验收人　　　　　　承办部门负责人　　　　　　制单

附件 37

开户行：
账　号：

　　　　　　　　　　　　　　　　　　　　　　　　　　　　商零字

购货单位：上海大华塑具股份有限公司　　　　　　　年　月　日

商品名称	规格	单位	数量	单价	金　额						
					万	千	百	十	元	角	分
工　具		套	1		￥	1	0	0	0	0	0
合计人民币(大写)　×万　×仟　壹佰　×拾　×元　×角　×分					￥			100			

单位(盖章)：略　　　收款：　　　开票：陈

附 件   99

附件 38

中国工商银行　电汇凭证(回单)　1

委托日期　年　月　日　　　　　　　　第　号

汇款人	全称				收款人	全称				
	账号或住址					账号或住址				
	汇出地点	省	市县	汇出行名称		汇入地点	省	市县	汇入行名称	
金额	人民币(大写)					千 百 十 万 千 百 十 元 角 分				

汇款用途：

上列款项已根据委托办理；如需查询，请持此回单来行面洽。

单位主管　　会计　　复核　　记账

(中国工商银行上海市分行 杨浦支行 转讫 年月日 印章)

此联汇出行给汇款人的回单

附件 39

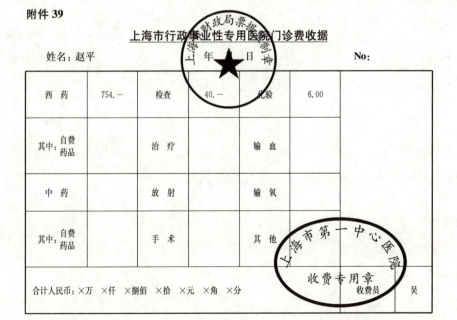

附件 40

出　库　单
年　月　日

连续号：20005

提货单位或领货部门		发票号码或生产单号码		发出仓库	出库日期	
编号	名称及规格	单位	数量	单价	金额	备注
			要数	实发			
合　计							

二、记账联

财会部门主　管　　　　记账　　　　发货　　　　制单

附件 41

5100041140

上海市增值税专用发票
发票联

No 5020010472

开票日期：　年　月　日

购货单位	名　称：	上海大华塑具股份有限公司	密码区	172312-4-275⟨1+46*54*密码:01181321⟩ ⟨8182*59*09618　5100041140⟩　⟨4⟨3*2702- 9⟩9*+153⟨/05020010472*08/4*⟩⟩2-3*0/ 9/⟩⟩　25		
	纳税人识别号：	310115123456789				
	地　址、电话：	上海市胜利路100号（69786520）				
	开户行及账号：	工行上海市分行杨浦支行888888				
货物或应税劳务名称	规格型号	单位	数量	单价	金额	税率	税额
电		千瓦时	5,000	1.84	9,200	17%	1,564
合　计					￥9,200.00	17%	￥1,564.00
价税合计（大写）	⊗壹万零柒佰陆拾肆元整				（小写）￥10,764.00		
销货单位	名　称：	上海市电力公司	备注			
	纳税人识别号：	312117800218526				
	地　址、电话：	杨浦区永陵路78号				
	开户行及账号：	建行杨浦支行9512422051				

收款人：向东　　复核：向东　　开票人：郝海运　　销货单位：

附件 42

5100041140

上海市增值税专用发票
抵扣联

No 5020010472

开票日期： 年 月 日

购货单位	名　　称	上海大华塑具股份有限公司	密码区	172312-4-275〈1+46*54*密码:01181321〉 〈8182*59*09618　5100041140〉〈4〈3*2702- 9〉9*+153〈/05020010472*08/4〉〉〉2-3*0/ 9/〉〉25
	纳税人识别号：	310115123456789		
	地　址、电话：	上海市胜利路100号(69786520)		
	开户行及账号：	工行上海市分行杨浦支行 888888		

货物或应税劳务名称	规格型号	单位	数量	单价	金额	税率	税额
电		千瓦时	5,000	1.84	9,200	17%	1,564
合计					¥9,200.00	17%	¥1,564.00

价税合计(大写)	⊗壹万零柒佰陆拾肆元整	(小写)¥10,764.00

销货单位	名　　称	上海市电力公司	备注	上海市电力公司 发票专用章
	纳税人识别号：	312117800218526		
	地　址、电话：	杨浦区永陵路78号		
	开户行及账号：	建行杨浦支行 9512422051		

收款人：向东　　复核：向东　　开票人：郝海运　　销货单位：

第二联：抵扣联　付款方留存

附件 43

委托收款凭证(付款通知)　5

委托日期　年 月 日

付款人	全　称	上海大华塑具股份有限公司	收款人	全　称	上海市电力公司	此联付款人开户银行给付款人按期付款的通知
	账号或地址	888888		账号	9512422051	
	开户银行	工行上海市分行杨浦支行		开户银行	建行杨浦支行	

委收金额	人民币 (大写)	壹万零柒佰陆拾肆元整	千	百	十	万	千	百	十	元	角	分
					¥	1	0	7	6	4	0	0

款项内容	销货款	委托收款凭证名称		附寄单证	中国工商银行上海市分行 杨浦支行 转 (付款人开户银行盖章) 年 月 日

备注：　　　　上列款项：
1. 已全部划回或入你方账户。
2. 已收回部分款项收入你方账户。
3. 全部未收到。

单位主管　　会计　　复核　　记账　　付款人开户银行收到日期　年 月 日
　　　　　　　　　　　　　　　　　　　支付日期　年 月 日

附件 44

电费分配表

用电单位	消耗量(度)	电费分配金额
合　计		

　　　　　审核　　　　　　　　　填表

附件 45

工资结算汇总表

年　月　日　　　　　　　　　单位：元

车间部门		基本工资	加班工资	应扣工资		应付工资	代扣家属药费	代扣水电费	代扣房租	实发工资
				病假	事假					
一车间	生产工人工资	20,000	800	70	30	20,700	100	600	200	
	管理人员工资	3,000	100			3,100	20	80	40	
二车间	生产工人工资	10,000	400			10,400	40	100	240	
	管理人员工资	2,000	100	20	50	2,030	60	100	100	
机修车间		8,000	200	40	60	8,100	50	50	60	
供水车间		4,000	300	30	70	4,200	20	40	80	
管理部门		6,000		20	40	5,940	40	30	90	
医务所		1,000				1,000		20	40	
合　计										

注：生产A型塑具耗用工时　　600工时
　　B型塑具耗用工时　　400工时

附件 46

中国工商银行
现金支票存根

支票号码 NO 286702

科　　目 _____

对方科目 _____

签发日期　年　月　日

| 收款人：上海大华塑具股份有限公司 |
| 金　额：　　　　　元 |
| 用　途：备发工资 |
| 备　注： |

单位主管：　　　会计： 文　静
复　核：　　　　记账：

附件 47

工资费用分配表

年　月　日　　　　　　　　　　　　　　　　单位：元

应借账户	应贷账户:应付职工薪酬——工资						
	一车间	二车间	机修车间	供水车间	管理部门	医务所	合计
生产成本—基本生产—A型塑具							
—B型塑具							
—C型塑具							
生产成本—辅助生产							
制造费用							
管理费用							
应付职工薪酬							
合　计							

财务主管： 伍爱利　　　审核： 游德立　　　制单：

附件 48

福利费计提表

年　月　日　　　　　　　　　　　　　单位:元

应借账户	计提基数(工资总额)	提取比例(%)	应提取福利费
生产成本—基本生产—A塑具		14	
—B塑具		14	
—C塑具		14	
生产成本—辅助生产—机修车间		14	
—供水车间		14	
制造费用——车间		14	
—二车间		14	
管理费用		14	
合　计			

财务主管：伍爱利　　　审核：游德立　　　制单：

附件 49

中国工商银行
转账支票存根

支票号码　NO　1412628

科　　目　_____

对方科目　_____

签发日期　年　月　日

| 收款人：大华工会 |
| 金　额：　　　元 |
| 用　途：工会会费 |
| 备　注： |

单位主管：　　　会计：文静
复　核：　　　　记账：文静

附件

附件 50

对方科目		
	字第	分号

收 款 收 据

对方科目　　　　　　　　　　　　　　　年　月　日

	交款单位	
第三联：记账	摘　要	附件　张
	金　额	人民币（大写）	￥

主管 伍爱利　　会计 游德立　　业务　　　记账　　　出纳 文静

附件 51

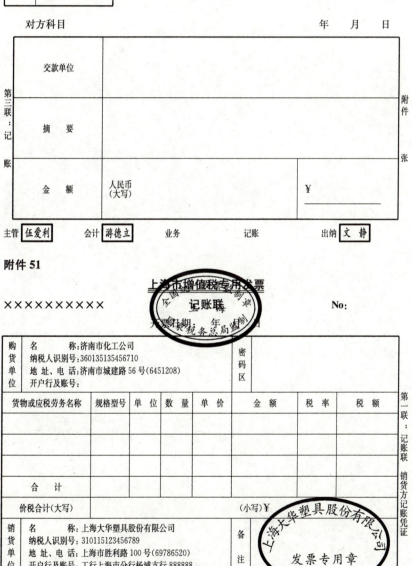

上海市增值税专用发票
记账联
开票日期：年　月　日

×××××××××　　　　　　　　　　No:

购货单位	名　称：济南市化工公司	密码区	
	纳税人识别号：360135135456710		
	地　址、电　话：济南市城建路56号(6451208)		
	开户行及账号：		

货物或应税劳务名称	规格型号	单位	数量	单价	金额	税率	税额
合　计							

价税合计（大写）　　　　　　　　　　　　（小写）¥

销货单位	名　称：上海大华塑具股份有限公司	备注	上海大华塑具股份有限公司 发票专用章
	纳税人识别号：310115123456789		
	地　址、电　话：上海市胜利路100号(69786520)		
	开户行及账号：工行上海市分行杨浦支行 888888		

收款人：　　　复核：　　　开票人：　　　销货单位：(章)

附件

附件52

托收承付凭证(回单)　1　　　托收号码：

委托日期　年　月　日

付款人	全　称		收款人	全　称			此联是收款人开户银行给收款人的回单
	账号或地址			账　号			
	开户银行			开户银行		行　号	

人民币 (大写)		千百十万千百十元角分
		￥

附　件	商品发运情况	中国工商银行上海市分行 合同名称号码
附寄单证 张数或册数		杨浦支行 转讫
备注:	款项收妥日期 年　月　日	收款人开户银行盖章 年　月

附件53

上海市增值税专用发票

记账联

××××××××××　　　　　　No:

开票日期　年　月　日

购货单位	名　称：新新公司					密码区			
	纳税人识别号：310246535456710								
	地　址、电话：上海市建设路46号(65620208)								
	开户行及账号：								
货物或应税劳务名称	规格型号	单位	数量	单价	金额		税率	税额	
合　计									
价税合计(大写)					(小写)￥				
销货单位	名　称：				备注	上海大华塑具股份有限公司 发票专用章			
	纳税人识别号：								
	地　址、电话：								
	开户行及账号：								

收款人：　　　复核：　　　开票人：　　　销货单位：

第一联：记账联　销货方记账凭证

附件54

商业承兑汇票 5

汇票号码：

委托日期　年 月 日　　　　　　　第　号

付款人	全称		收款人	全称											此联收款人开户银行随结处凭证寄付款人开户行作付出传票附件
	账号或地址			账号											
	开户银行			开户银行		行号									
汇票金额	人民币（大写）				千	百	十	万	千	百	十	元	角	分	
汇票到期日		年 月 日	交易合同号码												
本汇票已经本单位承兑,到期日无条件支付票款 此致 　收款人 　　付款人盖章 　　　付现　现办 　　　　年 月 日			汇票签发人盖章 负责 郑丽　　经办 罗华												

附件 54 背面

注 意 事 项

一、付款人于汇票到期日前须将票款足额交存开户银行，如账号存款余额不足时，银行比照空支票处以罚款。

二、本汇票经背书可以转让。

被背书人	被背书人	被背书人
背书	背书	背书
日期　年 月 日	日期　年 月 日	日期　年 月 日

附件 55

差旅费报支单

报销日期　年　月　日

姓　名		职别		出差事由	
出差起止日期		自　年　月　日至　年　月　日止共　天附单据　张			

日期		起讫地点			车船费			宿费	杂费	途中伙食补助		合计
月	日	起点	时间	终点	时间	交通工具	张数	金额			每天补助	金额	
									万	仟	佰	元	角	分

负责人　　　会计　　　审核　　　主管　　　出差人 张明

附件 56

收 款 收 据

对方科目	字第　分号

对方科目　　　　　　　　　　　　年　月　日

第三联：记账	交款单位		附件 张
	摘　要		
	金　额	人民币（大写）	￥

主管 伍爱利　　会计　　　业务　　　记账　　　出纳 文静

附件 57

收 条

领到十二月份工资伍佰元整（500 元）。

此据

领款人：张　明

年　月　日

附件 58

山东省济南市商业销售发票

发　票　联

购货单位：上海大华塑具股份有限公司　　　　　　　　年　月　日

商品名称	规格	单位	数量	单价	金额						
					万	千	百	十	元	角	分
丙材料		Kg	160	50		8	0	0	0	0	0
合计						8	0	0	0	0	0
合计人民币(大写)	×万 ×捌仟 ×佰 ×拾 ×元 ×角				￥8,000.00						
收款：		开票：郭			销货单位：						

（发票专用章）

第二联：发票

附件59

上海大华塑具股份有限公司材料物资入库单

年　月　日　　　　　　　　　　　　　　　　编号 10003

交来单位及部门		发票号码或生产单号码			验收仓库				
名称及规格	单位	数量		实际价格				计划价格	成本差异
		交库	实收	单价	金额	运杂费	合计	单价	金额
合　计									

三、记账联

附件60

中国工商银行 电汇凭证(回单) 1　　NO 1716812

委托日期　　年　月　日　　　　　　　　　第　号

付款人	全称	中国工商银行山东分行济南支行			收款人	全称	上海大华塑具股份有限公司		
	账号或住址	332255				账号或住址	888888		
	汇出地点	济南市西城区万新路16号	汇出行全称	工行济南支行		汇入地点	上海市	汇入行名称	杨浦支行
	金额(大写)	贰仟元整		中国工商银行山东省分行济南支行 转讫			十万千百十元角分 ¥ 2 0 0 0 0 0		
	汇款用途：退货款								
	单位主管　　　会计　　　复核　　　记账					汇出行盖章　　年 月 日			

此联汇出行给汇款人的回单

附件 61

中国工商银行进账单（回单或收账通知） 1

委托日期　年　月　日　　码第　号

收款单位	全　称		汇款单位	全　称											
	账　号			账　号											
	开户银行			开户银行			行　号								
人民币（大写）					千	百	十	万	千	百	十	元	角	分	
票据种类															
票据张数		凭证号码													
单位主管	会计	复核	记账		收款人开户行盖章										

单位　　会计　　复核　　记账　　付款人　　　　开户银行盖章　　　　月　日

附件 62

（上海市商业发票 发票联 上海市（12）地方税务局监制）

购货单位：上海大华塑具股份有限公司　　　　　　　　年　月　日

商品名称	规格	单位	数量	单价	金　额						
					万	千	百	十	元	角	分
宣传画		套	10	20	¥	2	0	0	0	0	0
合计人民币（大写）	×万 ×仟 贰佰 ×拾 ×元 ×角 ×分				¥						

第二联：发票

（上海市新新百货公司 发票专用章）

单位(盖章)略　　　　收款：　　　　开票：陈

附件

附件 63

仓库：_____

宏远配件厂
材料、物资盘点盈亏报告表

类别：_____　　　　年　季度

　　　　　　　　　　　　　　　　年　月　日　共　页第　页

品名及规格	单位	财务科账存	实存数			单价	盘盈		盘亏		仓库账实	
			盘存	加：预发货减：待提货	实物应存		数量	金额 十万千百十元角分	数量	金额 十万千百十元角分	盘盈数	盘亏数

财务科长 伍爱利　　产成品会计 游德立　　供销科长　　保管人员　　填表人 李红

附件 64

上海市增值税专用发票
抵扣联

×××××××××　　　　　　　　　　　　　　　No：

开票日期　　年　月　日

购货单位	名　　称：上海大华塑具股份有限公司	密码区
	纳税人识别号：310115123456789	
	地址、电话：上海市胜利路100号(69786520)	
	开户行及账号：工行上海市分行杨浦支行 888888	

货物或应税劳务名称	规格型号	单位	数量	单价	金额	税率	税额
丁材料		千克	1,000	100.—	100,000.00	17%	17,000.00
合　计					¥100,000.00		¥17,000.00
价税合计(大写)	壹拾壹万柒仟元整				(小写) ¥117,000.00		

销货单位	名　　称：上海光明有限公司	备注
	纳税人识别号：310112012343678	
	地址、电话：上海市长春路315号(62876250)	
	开户行及账号：市工行 122333	

收款人：黄春　　复核：赵庆　　开票人：刘攻　　销货单位：

（上海光明有限公司 发票专用章）

第一联：抵扣联　购货方扣税凭证

附件 65

上海市增值税专用发票
发票联
××××××××× No:
开票日期 年 月 日

购货单位	名　　　　称：上海大华塑具股份有限公司 纳税人识别号：310115123456789 地　址、电话：上海市胜利路 100 号(69786520) 开户行及账号：工行上海市分行杨浦支行 888888	密码区		

货物或应税劳务名称	规格型号	单位	数量	单价	金额	税率	税额
丁材料		千克	1,000	100.—	100,000.00	17%	17,000.00
合　计					¥100,000.00		¥17,000.00

价税合计(大写) 壹拾壹万柒仟元整　　　(小写)¥117,000.00

销货单位	名　　　　称：上海光明有限公司 纳税人识别号：310112012346678 地　址、电话：上海市长春路 315 号(62876250) 开户行及账号：市工行 122333	备注	

收款人：黄春　　复核：赵庆　　开票人：刘玫　　销货单位：

附件 66

上海大华塑具股份有限公司材料物资入库单

年　月　日　　　　　　　　　　　　　　　编号 10004

交来单位及部门		发票号码或生产单号码		验收仓库				

名称及规格	单位	数量		实际价格				计划价格		成本差异
		交库	实收	单价	金额	运杂费	合计	单价	金额	
合　计										

附件67

上海大华塑具股份有限公司固定资产验收单

年　月　日　制

名称及规格	单位	数量	原账面价										总值中的安装费							使用年限	预计残值							存放地点
			百	十	万	千	百	十	元	角	分	十	万	千	百	十	元	角	分		万	千	百	十	元	角	分	
电脑服务器	台	1																										
来　源			评估确认价																	对方单位名称								

验收部门　　　　　验收人　　　　　承办部门负责人　　　　　制单

附件68

上海市增值税专用发票

××××××××××　　　　　　　　　　　　　　　　　No：

开票日期：　　年　月　日

购货单位	名　　称：上海大华塑具股份有限公司 纳税人识别号：310115123456789 地　址、电　话：上海市胜利路100号（69786520） 开户行及账号：工行上海市分行杨浦支行888888								密码区	
货物或应税劳务名称	规格型号	单位	数量	单价	金额		税率	税额		
电脑服务器		台	1	35 000	29 914.53		17%	5 085.47		
合　计					￥29 914.53			￥35 000		
价税合计（大写）	叁万伍仟元整					（小写）￥35 000				
销货单位	名　　称：上海光明有限公司 纳税人识别号：310112012343678 地　址、电　话：上海市长春路415号（62876250） 开户行及账号：市工行122333						备注	 上海光明有限公司 发票专用章		

第一联：抵扣联　购货方扣税凭证

收款人：黄春　　　复核：赵庆　　　开票人：刘玫　　　销货单位：

附件 69

开户行：
账　号：

上海市商业销售发票
发票联

商零字

购货单位：上海大华塑具股份有限公司　　　　　　　年　月　日

商品名称	规　格	单位	数量	单价	金　额						
					万	千	百	十	元	角	分
清理费用							¥	5	0	0	0
合计人民币(大写)　×万　×仟　×佰　伍拾　×元　×角　×分　¥50.00											

第二联：发票

发票专用章

单位(盖章)：　　　　收款：　　　开票：万　　　　销货单位：

附件 70

固定资产报废单
年　月　日

固定资产名称		预计使用年限	8	已使用年限	8		已提折旧	
报废原因								
处理审批意见	使用部门		技术科		固定资产部门		厂部	

第二联：记账

附件71

关于本月盘点盈亏情况的处理意见

各有关部门：

经盘点，本月出现盈亏。经厂务会议研究特作如下处理：

① 毁损机器损失作营业外支出。

② 原材料及包装物盘盈盘亏转入管理费用。

③ 三江公司欠款拖欠不还，作坏账处理。

特此通知

厂长办公室

附件72

收 款 收 据

对方科目		
字第		分号

第三联：记账

对方科目		年 月 日	
交款单位			附件 张
摘要			
金额	人民币（大写）	￥	

主管　　　会计　　　业务　　　记账　　　出纳 文静

附件 73

上海市增值税专用发票

记账联

××××××××× No:

开票日期： 年 月 日

购货单位	名　　称	济南市化工公司	密码区				
	纳税人识别号	360135135456710					
	地　址、电话	济南市城建路56号(6451208)					
	开户行及账号						
货物或应税劳务名称	规格型号	单位	数量	单价	金额	税率	税额
合　计							
价税合计(大写)			(小写)￥				
销货单位	名　　称	上海大华塑具股份有限公司	备注	上海大华塑具股份有限公司 发票专用章			
	纳税人识别号	310115123456789					
	地　址、电话	上海市胜利路100号(69786520)					
	开户行及账号	工行上海市分行杨浦支行 888888					

第三联：记账联 销货方记账凭证

收款人：　　　　复核：　　　　开票人：　　　　销货单位：

提示：企业销售残料收入同样应该缴纳增值税

附件 74

中国工商银行上海市分行转账支票 （第四联）

签发日期　年　月　日　字号

付款人	全　称	富华公司	收款人	全　称	上海大华塑具股份有限公司		
	开户银行	工行青山分理处	账号	21212	开户银行	杨浦支行	账号 888888

		千	百	十	万	千	百	十	元	角	分
人民币 (大写)贰万元正	￥				2	0	0	0	0	0	0

用途：贷款

中国工商银行上海市分行
杨浦支行
转讫

上列款项，已委托开户银行划转收款单位账号。
(银行盖章)

银行对账凭证
不作发货依据

收款人会计分录：
会计　复核　记账

此联银行后作收账通知交收款人

附件 75

中国工商银行　　存款　　利息传票
打印日期　年　月　日

收款单位	账　号	888888	付款单位	账　号	963578
	户　名	上海大华塑具股份有限公司		账　号	上海市工商银行营业部
	开户银行	杨浦支行		开户银行	市工行营业部
积数：	利率　%　利息		中国工商银行上海市分行 杨浦支行 转讫		2,000.00元
＿＿＿＿户第　季度利息				TH－XWP 科目＿＿＿＿ 对方科目＿＿＿＿	

附件 76

无形资产摊销表
年　月　日

无形资产名　称	原　值	预计摊销年限	已摊销价　值	本次摊销价值	剩　余价　值
C专利权	120,000元	10年	13,000元	1,000元	106,000元

附件 77

固定资产折旧计提表

年　月

使用部门和 固定资产类别		固定资产 原　　价	上月增加固 定资产原价	上月减少固 定资产原价	月折旧率	月折旧额
一车间	厂　房		无	无		
	机　器		无	无		
一车间	厂　房		无	无		
	机　器		无	无		
供水车间	厂　房		无	无		
	机　器		无	无		
机修车间	厂　房		无	无		
	机　器		无	无		
非生产用固定资产			无	无		
合　　计			无	无		

附件 78

固定资产转出通知单

年　月　日

固定资产名称		预计使用年限	6	已使用年限	1
原始价值		已提折旧		转出作价	
固定资产转出原因及批准人			对方单位名称		

附件 79

××××××××× 上海市增值税专用发票
记账联

No:
开票日期： 年 月 日

购货单位	名 称：济南市化工公司			密码区			
	纳税人识别号：360135135456710						
	地 址、电话：济南市城建路56号（6451208）						
	开户行及账号：						

货物或应税劳务名称	规格型号	单位	数量	单价	金 额	税率	税 额
合 计							

价税合计(大写)		(小写)¥	

销货单位	名 称：上海大华塑具股份有限公司	备注	
	纳税人识别号：310115123456789		
	地 址、电话：上海市胜利路100号（69786520）		
	开户行及账号：工行上海市分行杨浦支行888888		

第三联：记账联 销货方记账凭证

收款人： 复核： 开票人： 销货单位：

附件 80

上海市商业发票
发 票（1联）
购货单位：上海大华塑具股份有限公司 年 月 日

商品名称	规 格	单位	数量	单价	金 额					
					万	千	百	十	元	角	分
礼品		套	5	40			¥	2	0	0	0	0

合计人民币(大写)	×万 ×仟 贰佰 ×拾 ×元 ×角 ×分	¥200.00

第二联：发票

单位(盖章)略 收款： 开票：陈 销货单位：

附件 81

上海大华塑具股份有限公司材料物资入库单

年　月　日　　编号：10005

交来单位及部门		发票号码或生产单号码		验收仓库					
名称及规格	单位	数量		实际价格				计划价格		成本差异
		交库	实收	单价	金额	运杂费	合计	单价	金额	
合计										

三、记账联

附件 82

中国工商银行上海市分行转账支票　（第一联）

签发日期　年　月　日　字　号

收款单位	全称			付款单位	全称									
	开户银行		账号		开户银行		账号							

人民币　　　　　　　　　　　　　　　　　　　　万 千 百 十 元 角 分
（大写）叁万伍仟壹佰元整　　　　中国工商银行上海市分行
　　　　　　　　　　　　　　　　　杨浦支行　　￥ 3 5 1 0 0 0 0 0

用途：购买工作服　　　　　　　　　　转讫

上列款项，已委托开户银行划转收款单位账号
　　　　　　　　　　　　　　　　　　　　备注：

单位主管　会计　复核　记账

此联作付款单位留底

附件 83

上海市增值税专用发票
抵扣联

××××××××× No：

开票日期   年   月   日

购货单位	名　　称：上海大华塑具股份有限公司　　　　　　　　　　　　　　　　　　　　　　　　　纳税人识别号：310115123456789　　　　　　　　　　　　　　　　　　　　　　　　　地　址、电　话：上海市胜利路100号(69786520)　　　　　　　　　　　　　　　　　　　　开户行及账号：工行上海市分行杨浦支行888888	密码区		
货物或应税劳务名称	规格型号	单位	数量	单价	金额	税率	税额
工作服		套	300	100.—	30,000.00	17％	5,100.00
合　计					￥30,000.00		￥5,100.00
价税合计(大写)	叁万伍仟壹佰元整				(小写)￥35,100		

销货单位	名　　称：市劳保用品商店　　　　　　　　　　　　　　　　　　　　　　　　　纳税人识别号：310118024643678　　　　　　　　　　　　　　　　　　　　　　　地　址、电　话：上海市长寿路315号(56876250)　　　　　　　　　　　　　　　　　　开户行及账号：市工行444555	备注

收款人：黄　　　复核：赵　　　开票人：刘　　　销货单位：

第二联：抵扣联　购货方扣税凭证

附件 84

上海市增值税专用发票
发票联

××××××××× No：

开票日期   年   月   日

购货单位	名　　称：上海大华塑具股份有限公司　　　　　　　　　　　　　　　　　　　　　　　　　纳税人识别号：310115123456789　　　　　　　　　　　　　　　　　　　　　　　　　地　址、电　话：上海市胜利路100号(69786520)　　　　　　　　　　　　　　　　　　　　开户行及账号：工行上海市分行杨浦支行888888	密码区

货物或应税劳务名称	规格型号	单位	数量	单价	金额	税率	税额
工作服		套	300	100.—	30,000.00	17％	5,100.00
合　计					￥30,000.00		￥5,100.00
价税合计(大写)	叁万伍仟壹佰元整				(小写)￥35,100		

销货单位	名　　称：市劳保用品商店　　　　　　　　　　　　　　　　　　　　　　　　　纳税人识别号：310118024643678　　　　　　　　　　　　　　　　　　　　　　　地　址、电　话：上海市长寿路315号(56876250)　　　　　　　　　　　　　　　　　　开户行及账号：市工行444555	备注

收款人：黄　　　复核：赵　　　开票人：刘　　　销货单位：

第三联：发票联　购货方记账凭证

附件 85

出 库 单
年 月 日

连续号：20009

物资类别		

提货单位或领货部门		发票号码或生产单号码		发出仓库		出库日期	
编号	名称及规格	单位	数量		单价	金额	备注
			要数	实发			
合计							

二、记账联

财会部门
主 管　　　记账　　　发货 张华　　　制单

附件 86

出 库 单
年 月 日

连续号：20009

物资类别		

提货单位或领货部门		发票号码或生产单号码		发出仓库		出库日期	
编号	名称及规格	单位	数量		单价	金额	备注
			要数	实发			
合计							

二、记账联

财会部门
主 管　　　记账　　　发货 张华　　　制单

附件 87

发出材料成本差异计算表

年　月　日

领用单位及用途	甲 材 料			乙 材 料		
	计划成本	差异率	差异额	计划成本	差异率	差异额
合　　计						

制表人：张华

附件 88

上海大华塑具股份有限公司材料物资入库单

年　月　日　　编号：10006

交来单位及部门		发票号码或生产单号码		验收仓库					
名称及规格	单位	数　量		实 际 价 格				计划价格		成本差异
		交库	实收	单价	金额	运杂费	合计	单价	金额	
合　计										

记账　　　验收　　　缴库

三、记账联

附件89

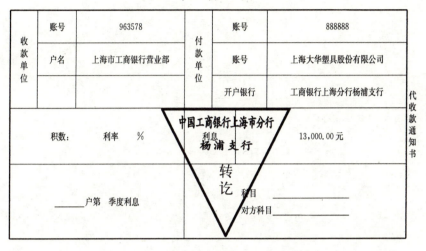

附件90

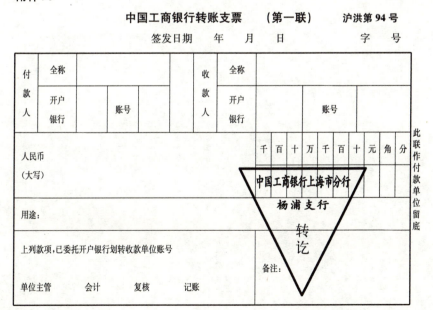

附件 91

上海市广告业专用发票

购货单位：上海大华塑具股份有限公司　　　　年　月　日

项　目	金　额							
	万	千	百	十	元	角	分	
	¥	3	0	0	0	0	0	第二联：发票
广告费								

合计人民币(大写)　×万　×叁仟　×佰　×拾　×元　×角　×分　¥3,000.--

单位(盖章)：　　　收款：　　　开票：李

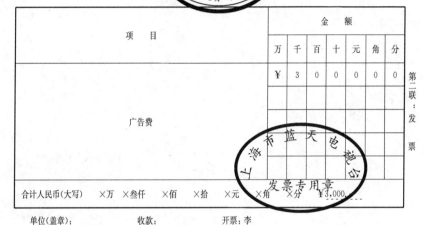

附件 92

中国人民银行支付系统专用凭证　NO：000000428023

报文种类：CMT100　　　交易种类：HVPS　　　支付交易序号：4327
发起行号：3743
发行行名称：工行成都锦城支行　汇款人开户行：工行成都锦城支行　委托日期：　年　月　日
汇款人账号：31588612567
汇款人名称：成都市西蓉装饰公司
汇款人地址：成都市浆洗街27号
接收行号：3216
收款人账号：888888　　　收款人开户行行号：3213
收款人名称：上海市大华塑具股份有限公司
收款人地址：上海市胜利路100号

货币符号、金额：RMB

流水号：110068001045　　　　　　　　　业务编号：CM73010504260008
　　　　　　　　　　　　　　　　　　　入账账号：40586123768

第二联:作客户通知单　　　会计　　　复核　　　记账

附件 93

附件 94

附件 95

上海大华塑具股份有限公司材料物资入库单

年　月　日　　　　　　　　编号：10007

交来单位及部门		发票号码或生产单号码				验收仓库			
名称及规格	单位	数量		实际价格				计划价格		成本差异
		交库	实收	单价	金额	运杂费	合计	单价	金额	
合　计										

二、记账联

记账　　　验收 张 华　　　缴库

附件 96

完工产品成本计算表

12月

成本项目	产品名称：产　量：		产品名称：产　量：		合　计
	总成本	单位成本	总成本	单位成本	
直接材料					
直接人工					
燃料动力					
制造费用					
合　计					

制表人

提示：本月完工产品成本在月末计算，发出商品平时只登记数量，无法确定单位成本，因此，已经销售的产品成本应在月末计算并结转。

附件 97

上海大华塑具股份有限公司材料物资入库单

年　月　日　　　　　　　　　　　　　编号：10008

交来单位及部门		发票号码或生产单号码		验收仓库						
名称及规格	单位	数量		实际价格				计划价格		成本差异
		交库	实收	单价	金额	运杂费	合计	单价	金额	
合计										

记账　　　验收 张华 　　　缴库

二、记账联

附件 98

物资类别 □

出　库　单

年　月　日

连续号：20007

编号	名称及规格	单位	数量		单价	金额	备注
			要数	实发			
	B型						
合计							

二、记账联

财会部门
主　管 伍爱利 　　记账 游德立 　　发货 张华 　　制单 赵燕

附件99

出 库 单

物资类别：

年 月 日

连续号：20008

提货单位或领货部门		发票号码或生产单号码		发出仓库		出库日期	

编号	名称及规格	单位	数量		单价	金额	备注
			要数	实发			
	A型						
合计							

二、记账联

财会部门主管 伍爱利　　　记账 游德立　　　发货 张华　　　制单 赵燕

附件100

应缴增值税计算表

年 月 日

项目	销项税额	进项税额	进项税额转出	应缴增值税	本月已缴增值税	本月未缴(或多缴)增值税
金额						

提示：本表依据"应交增值税"明细账有关数据填列。按会计核算要求，期末应将当月未缴(或多缴)的增值税转入"应交税费——未交增值税"明细账。

附件101

中华人民共和国
税收通用缴款书

隶属关系： 　　　填发日期　年　月　日　　　　沪税缴电 02015518 号

经济类型： 　　　　　　　　　　征收机关：

缴款单位（人）	代码		预算科目	编码	
	全称			名称	
	开户银行			级次	
	账号		收款国库		

税款所属时期	200　年12月1—31日	税款限缴日期	

品(项)目名称	课税数量	计税金额或销售收入	税率或单位税额	已缴或扣除额	实缴金额

金额合计	人民币(大写)

逾期　天,每天按税款万分之五加收滞纳金

金额总计	人民币(大写)

完税证(发货票)　　份,起讫号码：

缴款单位（章）经办人	税务机关(章)填票员	上列款项已收妥并划转收款单位账号。国库银行盖章	备注

附件 102

中国人民银行支付系统专用凭证　NO：000000428023

报文种类：CMT100	交易种类：HVPS	支付交易序号：327
发起行号：3743	汇款人开户行：工行上海市分行杨浦支行	委托日期：　年　月　日
发起行名称：工行上海市分行杨浦支行		
汇款人账号：888888		
汇款人名称：上海大华塑具股份有限公司		
汇款人地址：上海市胜利路100号		
接收行号：3216		
收款人账号：40586123768	收款人开户行行号：	
收款人名称：乐山市旅游公司		
收款人地址：乐山市西城区万新路16号		
货币符号、金额：RMB		
附言：支付旅游费		
流水号：110088001045	打印时间：15：23：18	业务编号：CM78010504260008
		入账账号：40686123768

（印章：中国人民银行 C.N.A.P.S）
（印章：中国工商银行四川省分行 乐山支行 转讫）

第二联：作客户通知单　　　会计　　　复核　　　记账

附件 103

应缴城市维护建设税、教育费附加计算表

项　　目	计算基数	比　例	金　额
应缴城市维护建设税			
应缴教育费附加			

附件 104

中华人民共和国
税收通用缴款书

隶属关系： 　　填发日期　年　月　日　　　　沪税缴电 02015518 号

经济类型： 　　　　　　　　　　征收机关：

缴款单位(人)	代码		预算科目	编码	
	全称			名称	
	开户银行	工行××分理处		级次	
	账号		收款国库		

税款所属时期	200 年12月1—31日	税款限缴日期	

品(项)目名称	课税数量	计税金额或销售收入	税率或单位税额	已缴或扣除额	实缴金额

金额合计	人民币(大写)

逾期　天,每天按税款万分之五加收滞纳金

金额总计	人民币(大写)

完税证(发货票)　　份,起讫号码：

缴款单位(章)经办人	税务机关(章)填票员	上列款项已收妥并划转收款单位账号。国库银行盖章	备注

附录一

相关财经法规一览表

法 规 名 称	颁布时间	执行时间
一、税法类		
增值税	1993年12月13日	1994年1月1日
消费税	1993年12月13日	1994年1月1日
营业税	1993年12月13日	1994年1月1日
关税	2003年11月23日	2004年1月1日
企业所得税法	2007年3月16日	2008年1月1日
个人所得税法	2005年12月27日	2006年1月1日
土地增值税法	1993年	1994年1月1日
车辆购置税	2000年12月20日	2001年1月1日
发票管理办法	1993年	1993年
关于偷税抗税刑事案件具体应用法律若干问题的解释	2002年11月5日	2002年11月7日
房产税	1986年	1986年10月1日
税收征管法	2001年4月28日	2001年5月1日
印花税	1998年	1998年10月1日
资源税	1993年	1994年1月1日
契税	1997年	1997年10月1日
城市维护建设税	1985年	1985年
增值税发票使用规定	1993年	1994年1月1日

续　表

法　规　名　称	颁布时间	执行时间
二、金融制度类		
人民币银行结算管理办法	2003 年	2003 年 9 月 1 日
票据法	1995 年 5 月 10 日	1995 年 5 月 10 日
人民币银行结算管理办法实施细则	2005 年 1 月	2005 年 1 月 31 日
现金管理暂行条例	1988 年 9 月 8 日	1988 年 10 月 1 日
人民币银行结算管理办法	2003 年	2003 年 9 月 1 日
三、会计类		
企业财务会计报告条例	2000 年 6 月 21 日	2001 年 1 月 1 日
中华人民共和国会计法	1999 年 10 月 31 日	2000 年 7 月 1 日
会计档案管理办法	1998 年 8 月 21 日	1999 年 1 月 1 日
会计基础工作规范化管理办法	1997 年 7 月 10 日	1997 年 7 月 10 日
会计基础工作规范	1996 年 6 月 17 日	1996 年 6 月 17 日
财政部门实施会计监督办法	2001 年 2 月 20 日	2001 年 2 月 20 日
企业内部会计控制基本规范	2007 年 7 月 18 日	2007 年 7 月 18 日

附录二

一般企业常用会计科目表

会计科目		
顺序号	编号	会计科目名称
一、资产类		
1	1001	库存现金
2	1002	银行存款
3	1012	其他货币资金
4	1101	交易性金融资产
5	1121	应收票据
6	1122	应收账款
7	1123	预付账款
8	1131	应收股利
9	1132	应收利息
10	1221	其他应收款
11	1231	坏账准备
12	1401	材料采购
13	1402	在途物资
14	1403	原材料
15	1404	材料成本差异
16	1405	库存商品
17	1406	发出商品
18	1407	商品进销差价

续 表

会 计 科 目		
顺序号	编号	会计科目名称
19	1408	委托加工物资
20	1411	周转材料
21	1501	持有至到期投资
22	1502	持有至到期投资减值准备
23	1511	长期股权投资
24	1512	长期股权投资减值准备
25	1521	投资性房地产
26	1531	长期应收款
27	1532	未实现融资收益
28	1601	固定资产
29	1602	累计折旧
30	1603	固定资产减值准备
31	1604	在建工程
32	1605	工程物资
33	1606	固定资产清理
34	1701	无形资产
35	1702	累计摊销
36	1703	无形资产减值准备
37	1711	商誉
38	1801	长期待摊费用
39	1811	递延所得税资产

续 表

顺序号	会 计 科 目	
	编 号	会计科目名称
40	1901	待处理财产损溢
二、负债类		
41	2001	短期借款
42	2201	应付票据
43	2202	应付账款
44	2203	预收账款
45	2211	应付职工薪酬
46	2221	应交税费
47	2231	应付利息
48	2232	应付股利
49	2241	其他应付款
50	2401	递延收益
51	2501	长期借款
52	2502	应付债券
53	2701	长期应付款
54	2901	递延所得税负债
三、所有者权益类		
55	4001	实收资本
56	4002	资本公积
57	4101	盈余公积
58	4103	本年利润

续表

会计科目		
顺序号	编号	会计科目名称
59	4104	利润分配
60	4201	库存股
四、成本类		
61	5001	生产成本
62	5101	制造费用
63	5201	劳务成本
五、损益类		
64	6001	主营业务收入
65	6051	其他业务收入
66	6101	公允价值变动损益
67	6111	投资收益
68	6301	营业外收入
69	6401	主营业务成本
70	6402	其他业务成本
71	6403	营业税金及附加
72	6601	销售费用
73	6602	管理费用
74	6603	财务费用
75	6701	资产减值损失
76	6711	营业外支出
77	6801	所得税费用
78	6901	以前年度损益调整

附录三

一般企业会计报表
资 产 负 债 表

___年___月___日　　　　　　　　单位:元

资　　产	期末余额	年初余额	负债和所有者权益（或股东权益）	期末余额	年初余额
流动资产：			流动负债：		
货币资金			短期借款		
交易性金融资产			交易性金融负债		
应收票据			应付票据		
应收账款			应付账款		
预付款项			预收款项		
应收利息			应付职工薪酬		
应收股利			应交税费		
其他应收款			应付利息		
存货			应付股利		
一年内到期的非流动资产			其他应付款		
其他流动资产			一年内到期的非流动负债		
流动资产合计			其他流动负债		
非流动资产：			流动负债合计		
可供出售金融资产			非流动负债：		

续 表

资　产	期末余额	年初余额	负债和所有者权益（或股东权益）	期末余额	年初余额
持有至到期投资			长期借款		
长期应收款			应付债券		
长期股权投资			长期应付款		
投资性房地产			专项应付款		
固定资产			预计负债		
在建工程			递延所得税负债		
工程物资			其他非流动负债		
固定资产清理			非流动负债合计		
生产性生物资产			负债合计		
油气资产			所有者权益（或股东权益）：		
无形资产			实收资本（或股本）		
开发支出			资本公积		
商誉			减：库存股		
长期待摊费用			盈余公积		
递延所得税资产			未分配利润		
其他非流动资产			所有者权益（或股东权益）合计		
非流动资产合计					
资产总计			负债和所有者权益（或股东权益）合计		

利　润　表

___年___月　　　　　　　　　　　　　　单位：元

项　　目	本期金额	上期金额
一、营业收入		
减：营业成本		
营业税金及附加		
销售费用		
管理费用		
财务费用		
资产减值损失		
加：公允价值变动收益(损失以"－"号填列)		
投资收益(损失以"－"号填列)		
其中：对联营企业和合营企业的投资收益		
二、营业利润(亏损以"－"号填列)		
加：营业外收入		
减：营业外支出		
其中：非流动资产处置损失		
三、利润总额(亏损总额以"－"号填列)		
减：所得税费用		
四、净利润(净亏损以"－"号填列)		
五、每股收益：		
（一）基本每股收益		
（二）稀释每股收益		

所有者权益变动表

年度 单位：元

项目	本年金额					上年金额				
	实收资本（或股本）	资本公积	减：库存股	盈余公积	未分配利润	所有者权益合计	实收资本（或股本）	资本公积	减：库存股	盈余公积	未分配利润	所有者权益合计
一、上年年末余额												
加：会计政策变更												
前期差错更正												
二、本年年初余额												
三、本年增减变动金额（减少以"—"号填列）												
（一）净利润												
（二）直接计入所有者权益的利得和损失												
1. 可供出售金融资产公允价值变动净额												
2. 权益法下被投资单位其他所有者权益变动的影响												
3. 与计入所有者权益项目相关的所得税影响												
4. 其他												
上述（一）和（二）小计												

附录三 一般企业会计报表

续 表

项 目	本年金额					上年金额				
	实收资本(或股本)	资本公积	减:库存股	盈余公积	未分配利润	所有者权益合计	实收资本(或股本)	资本公积	减:库存股	盈余公积	未分配利润	所有者权益合计
(三) 所有者投入和减少资本											
1. 所有者投入资本											
2. 股份支付计入所有者权益的金额											
3. 其他											
(四) 利润分配											
1. 提取盈余公积											
2. 对所有者(或股东)的分配											
3. 其他											
(五) 所有者权益内部结转											
1. 资本公积转增资本(或股本)											
2. 盈余公积转增资本(或股本)											
3. 盈余公积弥补亏损											
4. 其他											
四、本年末金额											

现金流量表

年 月

单位:元

项目	行次	金额	补充资料	行次	金额
一、经营活动产生的现金流量			1. 将净利润调节为经营活动现金流量		
销售商品、提供劳务收到的现金	1		净利润	57	
收到的税费返还	3		加:资产减值准备	58	
收到的其他与经营活动有关的现金	8		固定资产折旧	59	
经营活动现金流入小计	9		无形资产摊销	60	
购买商品、接受劳务支付的现金	10		长期待摊费用摊销	61	
支付给职工以及为职工支付的现金	12		处置固定资产、无形资产和其他长期资产的损失(收益以"—"填列)	66	
支付的各项税费	13		固定资产报废损失(收益以"—"填列)	67	
支付的其他与经营活动有关的现金	18		公允价值变动损失(收益以"—"填列)		
经营活动现金流出小计	20		财务费用	68	
经营活动产生的现金流量净额	21		投资损失(收益以"—"填列)	69	

续表

项目	行次	金额	补充资料	行次	金额
二、投资活动产生的现金流量			递延所得税资产减少（增加以"—"填列）	70	
收回投资收到的现金	22		递延所得税负债增加（减少以"—"填列）	71	
取得投资收益收到的现金	23		存货的减少（增加以"—"填列）	72	
处置固定资产、无形资产和其他长期资产收回的现金净额	25		经营性应收项目的减少（增加以"—"填列）	73	
处置子公司及其他营业单位收到的现金净额	26		经营性应付项目的增加（减少以"—"填列）	74	
收到的其他与投资活动有关的现金	28		其他	75	
投资活动现金流入小计	29		经营活动产生的现金流量净额		
购建固定资产、无形资产和其他长期资产支付的现金	30				
投资支付的现金	31				
取得子公司及其他经营单位支付的现金净额					

续表

项目	行次	金额	补充资料	行次	金额
支付其他与投资活动有关的现金	35				
投资活动现金流出小计	36		2. 不涉及现金收支的投资和筹资活动		
投资活动产生的现金流量净额	37		债务转为资本	76	
三、筹资活动产生的现金流量			一年内到期的可转换公司债券	77	
吸收投资收到的现金	38		融资租入固定资产	78	
借款收到的现金	40				
收到的其他与筹资活动有关的现金	43				
筹资活动现金流入小计	44		3. 现金及现金等价物净增加情况		
偿还债务支付的现金	45		现金的期末余额	79	
分配股利、利润或偿付利息支付的现金	46				

附录三 一般企业会计报表

续 表

项目	行次	金额	补充资料	行次	金额
支付的其他与筹资活动有关的现金	52		减：现金的期初余额	80	
筹资活动现金流出小计	53		加：现金等价物的期末余额	81	
筹资活动产生的现金流量净额	54		减：现金等价物的期初余额	82	
四、汇率变动对现金等价物的影响	55		现金及现金等价物净增加额	83	
五、现金及现金等价物净增加额	56				
加：期初现金及现金等价物余额					
六、期末现金及现金等价物余额					

图书在版编目(CIP)数据

会计专业综合模拟实验(第三版)/邬展霞,汪立元主编.—上海:复旦大学出版社,2008.2(2019.9 重印)
ISBN 978-7-309-05923-6

Ⅰ.会… Ⅱ.①邬…②汪… Ⅲ.会计学-教材 Ⅳ.F230

中国版本图书馆 CIP 数据核字(2008)第 011820 号

会计专业综合模拟实验(第三版)
邬展霞 汪立元 主编
责任编辑/谢同君 李 华

复旦大学出版社有限公司出版发行
上海市国权路 579 号 邮编:200433
网址:fupnet@fudanpress.com http://www.fudanpress.com
门市零售:86-21-65642857 团体订购:86-21-65118853
外埠邮购:86-21-65109143 出版部电话:86-21-65642845
大丰市科星印刷有限责任公司

开本 787×960 1/16 印张 12.25 字数 161 千
2011 年 7 月第 3 版 2019 年 9 月第 3 版第 16 次印刷
印数 51 201—53 300

ISBN 978-7-309-05923-6/F·1348
定价:20.00 元

如有印装质量问题,请向复旦大学出版社有限公司出版部调换。
版权所有 侵权必究